Learn-to-Quilt
BILINGUAL GUIDE

Guía bilingüe para aprender a hacer quilting

Easy Step-by-Step in Both English and Spanish
Fácil paso a paso tanto en inglés como en español

Lina Owen & Laura Raquel Durán

Landauer Publishing

T0413273

Learn-to-Quilt Bilingual Guide/
Guía bilingüe para aprender a hacer quilting

Landauer Publishing, www.landauerpub.com, is an imprint of Fox Chapel Publishing Company, Inc.

Project Team
Acquisitions Editor: Amelia Johanson
Editors: Gretchen Bacon, Christa Oestreich
Designer: Wendy Reynolds
Studio Photographer: Mike Mihalo
Proofreader: Jeremy Hauck
Indexer: Jay Kreider

Shutterstock used: Ursula_A_Castillo_Gomez (13 left); F de Jesus (24 left); AnnJane (27 top right); Marie C Fields (29 right); Net Vector (32, 34 right, 39 bottom, 56 right, 161 bottom right); Lyudmila (40 left); Melody Mellinger (76); John Teate (83); ShevalierArts (top graphic: 110–111, 118–119, 130–131, 144–145).
Canva images used (with permission): 4–6 (all), 8–12 (all), 13 (top right and bottom), 14–23 (all), 24 (right), 25, 27 (bottom left), 28, 29 (left), 30, 37, 39 (top), 57 (right), 58 (left and bottom right), 60–61 (all), 68 (all), 100, 107.

ISBN 978-1-63981-134-2

Library of Congress Control Number: 2025941290

To learn more about the other great books from Fox Chapel Publishing, or to find a retailer near you, call toll-free at 800-457-9112 or visit us at www.FoxChapelPublishing.com.
We are always looking for talented authors.
To submit an idea, please send a brief inquiry to acquisitions@foxchapelpublishing.com.
Or write to:
Fox Chapel Publishing
903 Square Street
Mount Joy, PA 17552

Printed in China
First printing

This book is a tribute to our cherished cultural heritage and to the vibrant Spanish-speaking communities we hold close to our hearts. We hope these pages become a bridge that celebrates and honors the rich tradition of quilt patterns, inspiring others to create with the same pride and passion that have guided us.

Este libro es un tributo a nuestra preciada herencia cultural y a las vibrantes comunidades Latino Americanas que tenemos cerca de nuestros corazones. Esperamos que estas páginas se conviertan en un puente que celebre y honre la rica tradición de los patrones de quilts, inspirando a otros a crear con el mismo orgullo y pasión que nos han guiado a nosotros.

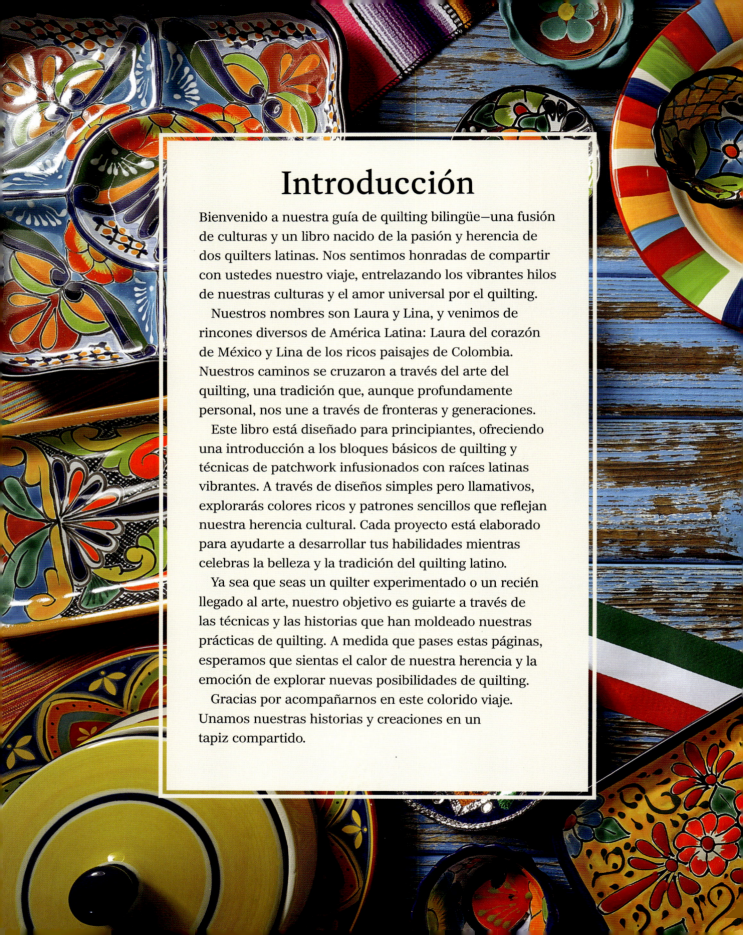

Introducción

Bienvenido a nuestra guía de quilting bilingüe—una fusión de culturas y un libro nacido de la pasión y herencia de dos quilters latinas. Nos sentimos honradas de compartir con ustedes nuestro viaje, entrelazando los vibrantes hilos de nuestras culturas y el amor universal por el quilting.

Nuestros nombres son Laura y Lina, y venimos de rincones diversos de América Latina: Laura del corazón de México y Lina de los ricos paisajes de Colombia. Nuestros caminos se cruzaron a través del arte del quilting, una tradición que, aunque profundamente personal, nos une a través de fronteras y generaciones.

Este libro está diseñado para principiantes, ofreciendo una introducción a los bloques básicos de quilting y técnicas de patchwork infusionados con raíces latinas vibrantes. A través de diseños simples pero llamativos, explorarás colores ricos y patrones sencillos que reflejan nuestra herencia cultural. Cada proyecto está elaborado para ayudarte a desarrollar tus habilidades mientras celebras la belleza y la tradición del quilting latino.

Ya sea que seas un quilter experimentado o un recién llegado al arte, nuestro objetivo es guiarte a través de las técnicas y las historias que han moldeado nuestras prácticas de quilting. A medida que pases estas páginas, esperamos que sientas el calor de nuestra herencia y la emoción de explorar nuevas posibilidades de quilting.

Gracias por acompañarnos en este colorido viaje. Unamos nuestras historias y creaciones en un tapiz compartido.

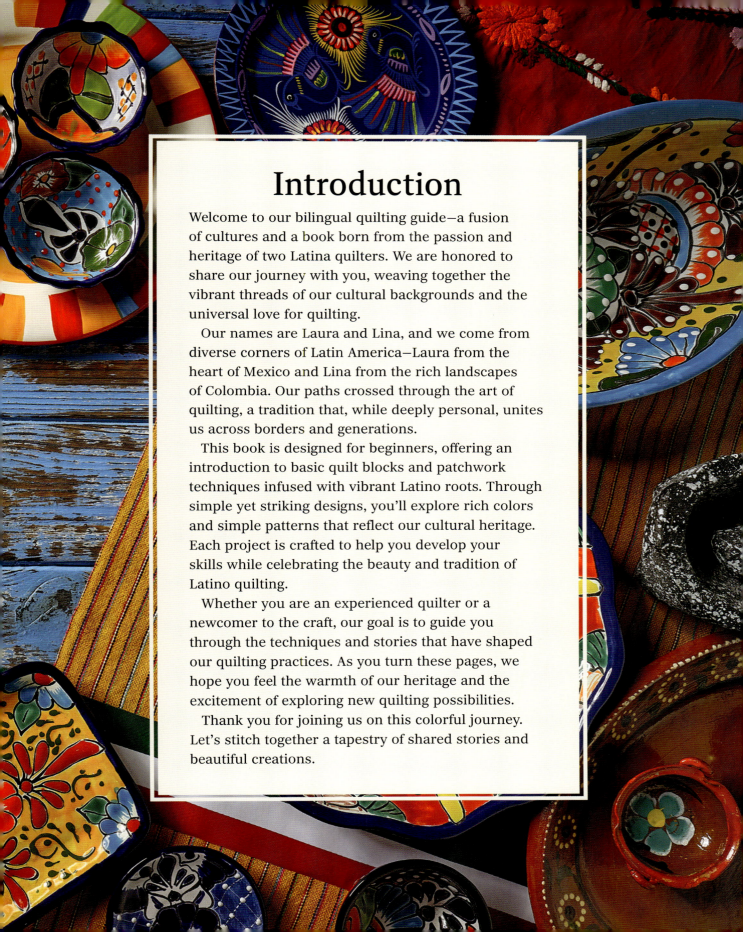

Introduction

Welcome to our bilingual quilting guide—a fusion of cultures and a book born from the passion and heritage of two Latina quilters. We are honored to share our journey with you, weaving together the vibrant threads of our cultural backgrounds and the universal love for quilting.

Our names are Laura and Lina, and we come from diverse corners of Latin America—Laura from the heart of Mexico and Lina from the rich landscapes of Colombia. Our paths crossed through the art of quilting, a tradition that, while deeply personal, unites us across borders and generations.

This book is designed for beginners, offering an introduction to basic quilt blocks and patchwork techniques infused with vibrant Latino roots. Through simple yet striking designs, you'll explore rich colors and simple patterns that reflect our cultural heritage. Each project is crafted to help you develop your skills while celebrating the beauty and tradition of Latino quilting.

Whether you are an experienced quilter or a newcomer to the craft, our goal is to guide you through the techniques and stories that have shaped our quilting practices. As you turn these pages, we hope you feel the warmth of our heritage and the excitement of exploring new quilting possibilities.

Thank you for joining us on this colorful journey. Let's stitch together a tapestry of shared stories and beautiful creations.

Table of Contents
Tabla de Contenido

The History of Quilting in Latin American Cultures
La historia del quilting en las culturas de América Latina

The history of quilting in Latin American cultures is a tapestry of indigenous practices, colonial influences, and modern innovation. It reflects a rich interplay of tradition and creativity, resulting in a diverse and vibrant quilting heritage.

Many indigenous cultures in Latin America had a deep tradition of textile arts long before European contact. Indigenous peoples, such as the Andean communities, wove intricate textiles using techniques like backstrap weaving and tapestry. These textiles often featured complex geometric patterns and were used for clothing, ceremonial garments, and ceremonial blankets.

Indigenous textiles were made from natural fibers, such as cotton and alpaca and llama wool. Dyeing techniques were sophisticated, utilizing natural dyes from plants, insects, and minerals to create vibrant colors.

La historia del quilting en las culturas latinoamericanas es un tapiz de prácticas indígenas, influencias coloniales e innovación moderna. Refleja una rica interacción entre tradición y creatividad, dando lugar a un patrimonio de quilting diverso y vibrante.

Muchas culturas indígenas en América Latina tenían una tradición profunda en las artes textiles mucho antes del contacto europeo. Los pueblos indígenas, como las comunidades andinas, tejían textiles intrincados utilizando técnicas como el tejido con tirantes y el tapiz. Estos textiles a menudo presentaban patrones geométricos complejos y se usaban para la ropa, prendas ceremoniales y mantas ceremoniales.

Los textiles indígenas se confeccionaban con fibras naturales como el algodón, la lana de alpaca y de llama. Las técnicas de teñido eran sofisticadas, utilizando tintes naturales provenientes de plantas, insectos y minerales para crear colores vibrantes.

Día de los Muertos parade in full bloom—where tradition, remembrance, and vibrant colors come together to honor the lives of those who came before.

Desfile del Día de los Muertos en todo su esplendor—una celebración donde la tradición, el recuerdo y los colores vibrantes se unen para honrar a quienes nos precedieron.

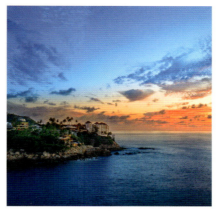

A vibrant landscape bursting with color—nature's palette on full display across the diverse terrains of Latin America.

Un paisaje vibrante lleno de color—la paleta de la naturaleza se despliega en todo su esplendor a lo largo de los diversos terrenos de América Latina.

With the arrival of Spanish and Portuguese colonizers in the 16th century, European textile traditions began to blend with indigenous practices. Quilting, as known in European contexts, was introduced but adapted to local materials and aesthetic preferences.

Missionaries often introduced European quilting techniques to indigenous populations, leading to a fusion of styles and techniques. This blending resulted in unique regional variations of quilting.

In Mexico, traditional quilting includes vibrant and colorful designs often featuring motifs inspired by local culture, folklore, and nature. Rebozos and serapes are traditional garments that sometimes incorporate quilted elements or techniques.

In countries like Peru and Bolivia, traditional textiles often feature intricate patterns and embroidery. Quilts in these regions might reflect traditional Andean designs, including symbolic motifs and rich color schemes.

Brazilian quilting often includes bold and vibrant patterns. The "patchwork" style in Brazil might incorporate elements of African, indigenous, and Portuguese textile traditions, reflecting the country's diverse cultural heritage.

Colors from the Natural Environment in Latin America

The use of bright colors in Latin American culture can be linked to the natural environment. Latin American countries, with their diverse climates and landscapes, often feature vivid colors that reflect the beauty around them, such as the bright flora, rich sunsets, and colorful wildlife.

Con la llegada de los colonizadores españoles y portugueses en el siglo XVI, las tradiciones textiles europeas comenzaron a mezclarse con las prácticas indígenas. El quilting, tal como se conocía en los contextos europeos, fue introducido pero adaptado a los materiales locales y a las preferencias estéticas regionales.

Los misioneros a menudo introducían técnicas europeas de quilting a las poblaciones indígenas, lo que llevó a una fusión de estilos y técnicas. Esta mezcla dio lugar a variaciones regionales únicas en el quilting.

En México, el quilting tradicional incluye diseños vibrantes y coloridos que a menudo presentan motivos inspirados en la cultura local, el folklore y la naturaleza. Los rebozos y serapes son prendas tradicionales que a veces incorporan elementos o técnicas de quilting.

En los países como Perú y Bolivia, los textiles tradicionales a menudo presentan patrones intrincados y bordados. Las colchas en estas regiones pueden reflejar los diseños andinos tradicionales, incluidos motivos simbólicos y esquemas de colores ricos.

El quilting brasileño a menudo incluye patrones audaces y vibrantes. El estilo de "patchwork" en Brasil puede incorporar elementos de las tradiciones textiles africanas, indígenas y portuguesas, reflejando el diverso patrimonio cultural del país.

Los colores del entorno natural en América Latina

El uso de colores brillantes en la cultura latinoamericana puede vincularse al entorno natural. Los países latinoamericanos, con sus diversos climas y paisajes, a menudo presentan colores vivos que reflejan la belleza que los rodea, como la flora brillante, los ricos atardeceres y la colorida vida silvestre.

Vibrant oranges, reds, yellows, and greens appear throughout Latin American cooking and inspire the colors in quilting.

Los naranjas, rojos, amarillos y verdes vibrantes aparecen en toda la cocina latinoamericana e inspiran los colores en el quilting.

Right: Bougainvilleas are often found in Mexico and its flowers are sometimes used to make tea.

Derecho: Las buganvillas se encuentran a menudo en México y sus flores a veces se utilizan para hacer té.

FLOWERS

Latin America is home to a vast array of colorful flowers, such as the vibrant orchids of Brazil, the bougainvilleas of Mexico, and the colorful hibiscus found throughout the region. These flowers add splashes of color to landscapes and are often used in traditional ceremonies and decorations.

FRUITS AND SEEDS

The region boasts a rich diversity of fruits with striking colors, like the bright yellow of pineapples, the deep red of dragon fruit, and the rich orange of mangoes. Seeds, such as those of the annatto plant, are used both for their color and flavor in cooking.

LAS FLORES

América Latina es el hogar de una gran variedad de flores coloridas, como las vibrantes orquídeas de Brasil, las buganvillas de México y los coloridos hibiscos que se encuentran en toda la región. Estas flores añaden toques de color a los paisajes y se utilizan a menudo en ceremonias y decoraciones tradicionales.

LAS FRUTAS Y SEMILLAS

La región cuenta con una rica diversidad de frutas con colores llamativos, como el amarillo brillante de las piñas, el rojo intenso de la pitahaya y el intenso naranja de los mangos. Las semillas, como las de la planta achiote, se utilizan tanto por su color como por su sabor en la cocina.

WILDLIFE

The biodiversity of Latin America is reflected in its wildlife. Tropical birds like parrots and toucans display an array of bright colors, while other creatures, such as the poison dart frog, contribute to the vibrant visual landscape of the region.

LANDSCAPES

Natural landscapes are often marked by vibrant colors, from the lush greens of the Amazon rainforest to the striking reds and oranges of the Atacama Desert. These colors not only enhance the beauty of the region but also influence local art and culture.

LA FAUNA SILVESTRE

La biodiversidad de América Latina se refleja en su vida silvestre. Las aves tropicales como los loros y los tucanes muestran una variedad de colores brillantes, mientras que otras criaturas, como la rana venenosa, contribuyen al vibrante paisaje visual de la región.

PAISAJES

Los paisajes naturales suelen estar marcados por colores vibrantes, desde los exuberantes verdes de la selva amazónica hasta los llamativos rojos y naranjas del desierto de Atacama. Estos colores no sólo realzan la belleza de la región sino que también influyen en el arte y la cultura locales.

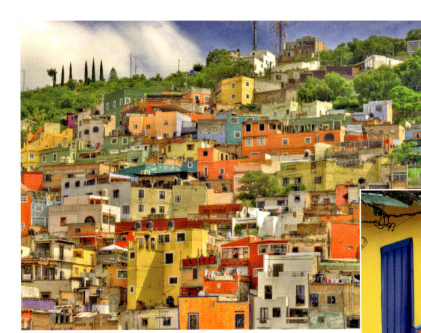

Colorful facades and vibrant architecture are a hallmark of Latin American cities, where buildings reflect the region's cultural richness and joyful spirit.

Las fachadas coloridas y la arquitectura vibrante son un sello de las ciudades latinoamericanas, donde cada edificio refleja la riqueza cultural y el espíritu alegre de la región.

The colors of wildlife, such as this poison dart frog, are reflected in the arts and crafts of Latin America.

Los colores de la vida silvestre, como esta rana venenosa, se reflejan en las artes y artesanías de América Latina.

Examples of Natural Color Dyes

Because of its surroundings, Latin America has a rich tradition of using natural dyes, many of which are derived from local plants, insects, and minerals. These dyes are often used in traditional weaving, clothing, and art, reflecting the diverse cultural heritage and artisanal skills across Latin American countries.

Ejemplos de tintes naturales

Por su entorno, América Latina tiene una rica tradición en el uso de tintes naturales, muchos de los cuales se derivan de plantas, insectos y minerales locales. Estos tintes se utilizan a menudo en tejidos, prendas de vestir y arte tradicionales, lo que refleja la diversidad del patrimonio cultural y las habilidades artesanales en los países latinoamericanos.

CHILE PEPPERS

Chile peppers are a beloved ingredient in many cultures, and in some regions, they serve a dual purpose—not only adding spice to culinary dishes but also lending their vivid red pigments to natural dyes. Traditionally, artisans have dried and ground chile peppers to create a beautiful spectrum of warm reds, ranging from deep crimson to fiery orange-red, perfect for dyeing textiles and adding a touch of cultural significance to handmade creations. These natural dyes not only infuse fabrics with vibrant color but also connect the final product to the rich traditions and agricultural heritage of the region.

LOS CHILES

Los chiles son un ingrediente muy querido en muchas culturas, y en algunas regiones cumplen una doble función—no solo aportan sabor picante a los platillos, sino que también brindan sus pigmentos rojos intensos para teñir de manera natural. Tradicionalmente, los artesanos secan y muelen los chiles para crear una hermosa gama de rojos cálidos, que van desde el rojo carmesí profundo hasta un rojo anaranjado brillante, perfectos para teñir textiles y aportar un toque de significado cultural a las creaciones hechas a mano. Estos tintes naturales no solo impregnan las telas con colores vibrantes, sino que también conectan el producto final con las ricas tradiciones y el patrimonio agrícola de la región.

ANNATTO SEEDS

Sourced from the seeds of the achiote tree, this dye has shades of orange and yellow and is used in both textiles and cooking. Even today, annatto is used to color some of the foods we eat, such as cheese, ice cream, fruit fillings, and yogurt.

LAS SEMILLAS DE ACHIOTE

Se obtiene de las semillas del árbol de achiote, este tinte produce tonos de naranja y amarillo y se utiliza tanto en textiles como en cocina. Incluso hoy en día, el achiote se utiliza para dar color a algunos alimentos que consumimos, como queso, helado, rellenos de fruta y yogur.

COCHINEAL

Cochineal is a vibrant red dye made from the cochineal insect, commonly used in textiles and foods. Cochineal insects feed on cacti and are found in Mexico, South America, and the Southwestern United States.

LA COCHINILLA

La cochinilla es un tinte rojo vibrante elaborado a partir del insecto cochinilla, comúnmente utilizado en textiles y alimentos. Los insectos cochinilla se alimentan de cactus y se encuentran en México, América del Sur y el suroeste de los Estados Unidos.

SAFFRON

Although not exclusive to Latin America, saffron is used in some regions for its yellow dye. Commonly used in food, saffron comes from a type of crocus flower and is known as one of the world's most expensive spices.

EL AZAFRÁN

Aunque no es exclusivo de América Latina, se utiliza en algunas regiones por su tinte amarillo. El azafrán proviene de la flor del azafrán, se utiliza comúnmente en la alimentación y es conocido como una de las especias más caras del mundo.

INDIGO

Derived from the indigo plant, indigo dye produces a deep blue color and has been used for centuries in various cultures.

EL ÍNDIGO

Derivado de la planta índigo, el tinte índigo produce un color azul intenso y se ha utilizado durante siglos en varias culturas.

QUINA/CINCHONA BARK

Extracted from the bark of the cinchona tree, quina can produce shades of yellow and brown. Cinchona trees are known for their antimalarial properties.

LA QUINA

Extraída de la corteza del árbol de quina, puede producir tonos de amarillo y marrón. Los árboles de quina son conocidos por sus propiedades antipalúdicas.

HUITO

This dye comes from the fruit of the *Genipa americana* tree and is used to create shades of blue and black. The dye is also used for skin painting and in food.

EL HUITO

Este tinte proviene del fruto del árbol *Genipa americana* y se utiliza para crear tonos de azul y negro. El tinte también se utiliza para pintar la piel y en alimentos.

The Role of Colors in Latin American Life

Color holds profound significance in Latin American cultures, where it often carries symbolic meanings that reflect spiritual beliefs, social status, and cultural identity. In the previous sections, we saw the color that appears in the natural environment. Here, we'll examine the use of color that is deeply embedded in various aspects of daily life, including textiles, art, rituals, and ceremonies.

WEAVING AND EMBROIDERY

Traditional woven textiles in Latin America are renowned for their intricate and vibrant patterns. Countries like Guatemala, Peru, and Bolivia have rich traditions of weaving and embroidery, often using bright colors to create striking patterns that have cultural significance. Colombian textiles, particularly those from the Wayuu people, are known for their colorful mochilas (woven bags) and hammocks.

CLOTHING

Traditional clothing in many Latin American countries features bright, bold colors. For example, the colorful ponchos of the Andean region or the Otomi embroidered blouses of Mexico are known for their vivid hues and intricate designs.

El papel de los colores en la vida latinoamericana

El color tiene un significado profundo en las culturas latinoamericanas, donde a menudo conlleva significados simbólicos que reflejan creencias espirituales, estatus sociales e identidad cultural. En las secciones anteriores, vimos el color presente en el entorno natural. Aquí, examinaremos el uso del color, profundamente arraigado en diversos aspectos de la vida diaria, incluida los textiles, el arte, los rituales y las ceremonias.

LAS TEJEDURÍA Y BORDADOS

Los textiles tradicionales de América Latina son famosos por sus patrones intrincados y vibrantes. Países como Guatemala, Perú y Bolivia tienen ricas tradiciones de tejido y bordado, y a menudo utilizan colores brillantes para crear patrones llamativos que tienen un significado cultural. Los textiles colombianos, particularmente los del pueblo Wayuu, son conocidos por sus coloridas mochilas (bolsas tejidas) y hamacas.

LA ROPA

La ropa tradicional en muchos países latinoamericanos presenta colores brillantes y atrevidos. Por ejemplo, los coloridos ponchos de la región andina o las blusas bordadas otomíes de México son conocidos por sus tonos vivos y diseños intrincados.

Vibrant geometric and floral patterns woven in bold colors, showcasing the rich tradition of Mexican textile artistry.

Patrones geométricos y florales vibrantes, tejidos en colores intensos, que muestran la rica tradición del arte textil mexicano.

The otomi embroidered blouses of Mexico, known as "Tenango Blouse," are known for their vivid hues and intricate designs.

Las blusas bordadas Otomí de México, conocidas como "Blusa Tenango", son reconocidas por sus colores vivos y diseños intrincados.

CULTURAL SYMBOLISM

Bright colors frequently hold specific symbolic meanings in Latin American cultures. For example, red might symbolize passion or life, while yellow can represent wealth or energy. These colors are often used in festivals, traditional clothing, and art to express cultural identity and values.

PSYCHOLOGICAL IMPACT

Color psychology suggests that bright colors can influence mood and behavior. In many Latin American cultures, vibrant colors are used to evoke feelings of joy, warmth, and vibrancy. This contrasts with more muted colors, which might convey somberness or restraint.

EL SIMBOLISMO CULTURAL

Los colores brillantes frecuentemente tienen significados simbólicos específicos en las culturas latinoamericanas. Por ejemplo, el rojo puede simbolizar pasión o vida, mientras que el amarillo puede representar riqueza o energía. Estos colores se utilizan a menudo en festivales, vestimentas tradicionales y arte para expresar identidad y valores culturales.

EL IMPACTO PSICOLÓGICO

La psicología del color sugiere que los colores brillantes pueden influir en el estado de ánimo y el comportamiento. En muchas culturas latinoamericanas, se utilizan colores vibrantes para evocar sentimientos de alegría, calidez y vitalidad. Esto contrasta con colores más apagados, que pueden transmitir sombría o moderación.

Vibrant colors and rich traditions come alive in Latin American culture—from the intricate embroidery on a festive sombrero, to the swirling skirts of traditional folkloric dance, and the proud heritage symbolized by the majestic llama.

Colores vibrantes y ricas tradiciones cobran vida en la cultura latinoamericana— desde el bordado intrincado de un sombrero festivo, hasta las faldas que giran en la danza folclórica tradicional, y el orgulloso legado simbolizado por la majestuosa llama.

ART AND TEXTILES

In art and textiles, bright colors are used to create visual impact and express creativity. Traditional Latin American textiles, like those from Oaxaca or the Andes, often feature bold patterns and colors that have been passed down through generations. These colors are not just decorative but also imbued with cultural significance and historical meaning.

CULTURAL CELEBRATIONS

Festivals and celebrations in Latin America, such as Carnival or Día de los Muertos, often feature bright colors as a way to enhance the festive atmosphere and celebrate life, death, and heritage. The bright colors of Latin America are integral to its cultural expression and natural beauty, creating a rich, dynamic tapestry that influences everything from daily life to traditional art.

EL ARTE Y LOS TEXTILES

En el arte y los textiles, se utilizan colores brillantes para crear impacto visual y expresar creatividad. Los textiles tradicionales latinoamericanos, como los de Oaxaca o los Andes, a menudo presentan patrones y colores llamativos que se han transmitido de generación en generación. Estos colores no son sólo decorativos sino que también están llenos de significado cultural e histórico.

LAS CELEBRACIONES CULTURALES

Los festivales y celebraciones en América Latina, como el Carnaval o el Día de los Muertos, a menudo presentan colores brillantes como una forma de realzar el ambiente festivo y celebrar la vida, la muerte y el patrimonio. Los colores brillantes de América Latina son parte integral de su expresión cultural y belleza natural, creando un tapiz rico y dinámico que influye en todo, desde la vida diaria hasta el arte tradicional.

A joyful tribute to Hispanic heritage—where vibrant colors, traditional clothing, delicious food, and rich cultural traditions come together in every celebration.

Un homenaje lleno de alegría a la herencia hispana—donde los colores vibrantes, la trajes tradicionales, la comida deliciosa y las ricas tradiciones culturales se unen en cada celebración.

Latin American Symbols

Geometric symbols and patterns play a significant role in Latin American textiles and art, often conveying deep cultural, spiritual, and social meanings. Here are some common geometric symbols and patterns found across different Latin American cultures.

ANDEAN CULTURES (PERU, BOLIVIA, ECUADOR)

The Andean region—encompassing Peru, Bolivia, and Ecuador—is home to vibrant textile traditions that have inspired artists and makers worldwide. Rooted in thousands of years of history, Andean textiles are characterized by their bold use of color, intricate geometric patterns, and deep cultural symbolism.

In these communities, weaving and textile arts have always been more than just a craft; they serve as a language of identity, community, and storytelling. Bright reds, deep blues, earthy greens, and sunny yellows come together in Andean textiles to reflect the natural beauty of the region, from snowcapped mountains to highland valleys.

Quilters today can draw endless inspiration from Andean motifs: zigzags representing mountains

Los símbolos latinoamericanos

Los símbolos y patrones geométricos juegan un papel importante en los textiles y el arte latinoamericanos, y a menudo transmiten profundos significados culturales, espirituales y sociales. A continuación se muestran algunos símbolos y patrones geométricos comunes que se encuentran en diferentes culturas latinoamericanas.

LAS CULTURAS ANDINAS (PERÚ, BOLIVIA, ECUADOR)

La región andina—que abarca Perú, Bolivia y Ecuador—alberga vibrantes tradiciones textiles que han inspirado a artistas y artesanos de todo el mundo. Con raíces que se remontan a miles de años, los textiles andinos se caracterizan por su uso audaz del color, patrones geométricos intrincados y un profundo simbolismo cultural.

En estas comunidades, el tejido y las artes textiles son mucho más que una artesanía; son un lenguaje de identidad, comunidad y narración. Rojos intensos, azules profundos, verdes terrosos y amarillos brillantes se combinan en los textiles andinos para reflejar la belleza natural de la región, desde las montañas nevadas hasta los valles de altura.

Chakana (Inca Cross): A stepped, cross-like symbol with a central point and four arms. Represents the three levels of existence (underworld, earthly world, upper world) and the axis of the universe.

Chakana (cruz Inca): Símbolo escalonado en forma de cruz con un punto central y cuatro brazos. Representan los tres niveles de existencia (inframundo, mundo terrenal, mundo superior) y el eje del universo.

Step Patterns: A series of interlocking, stair-step motifs. Symbolizes the concept of movement between different worlds or realms.

Patrones de escalones: Una serie de motivos de escalones entrelazados. Simboliza el concepto de movimiento entre diferentes mundos o reinos.

Diagonal Lines and Zigzags: Lines that create a zigzag or staircase effect. Often represent water, rivers, or the undulating landscape.

Líneas diagonales y zigzags: Líneas que crean un efecto de zigzag o escalera. A menudo representan agua, ríos o paisajes ondulados.

Wavy Lines: Curved, flowing lines that resemble waves or undulations. They symbolize the flow of life, fertility, and agricultural abundance.

Líneas onduladas: Líneas curvas y fluidas que parecen ondas u ondulaciones. Simboliza el flujo de la vida, la fertilidad y la abundancia agrícola.

and rivers, diamonds symbolizing the cycle of life, and stylized animal and plant forms that celebrate nature's abundance. Incorporating Andean influences into quilting not only honors this rich heritage but also adds depth, meaning, and global connection to every stitch.

MAYAN CULTURES (GUATEMALA, MEXICO)

The rich cultural heritage of the Mayan people—spanning Guatemala and southern Mexico—is a treasure trove of textile artistry that continues to inspire quilters today. Rooted in centuries-old traditions, Mayan weaving is renowned for its vibrant colors, symbolic motifs, and intricate craftsmanship.

Mayan textiles often feature bright, saturated hues like reds, purples, and turquoise, reflecting the lush landscapes and abundant flora of the region. Geometric patterns, diamonds, and stylized animals are woven into fabrics, each with deep cultural meaning—from family lineage to spiritual beliefs.

In quilting, these elements can be honored through bold color palettes, repeated geometric shapes, and storytelling through stitches. Incorporating Mayan influences not only celebrates this incredible cultural legacy but also weaves

Hoy en día, los quilters pueden encontrar una fuente inagotable de inspiración en los motivos andinos: zigzags que representan montañas y ríos, diamantes que simbolizan el ciclo de la vida y formas estilizadas de animales y plantas que celebran la abundancia de la naturaleza. Incorporar influencias andinas en el acolchado no solo honra este rico patrimonio, sino que también aporta profundidad, significado y conexión global a cada puntada.

LAS CULTURAS MAYAS (GUATEMALA, MÉXICO)

El rico patrimonio cultural del pueblo maya—que abarca Guatemala y el sur de México—es un tesoro de arte textil que sigue inspirando a los quilters de hoy en día. Con raíces en tradiciones ancestrales, el tejido maya se distingue por sus colores vibrantes, motivos simbólicos y detallada artesanía.

Los textiles mayas a menudo presentan tonos vivos y saturados como rojos, morados y turquesas, reflejando los paisajes exuberantes y la abundante flora de la región. Los patrones geométricos, los diamantes y los animales estilizados se tejen en las telas, cada uno con un significado cultural profundo—desde el linaje familiar hasta las creencias espirituales.

En el quilting, estos elementos pueden integrarse a través de paletas de colores audaces, formas geométricas repetidas y relatos contados a través de las puntadas.

Diamond Shapes: Rhombus or diamond-shaped motifs represent the universe, celestial bodies, and the path of the sun.

Formas de diamantes: Motivos en forma de rombos o diamantes representan el universo, los cuerpos celestes y la trayectoria del sol.

Rectangular Grids: Patterns formed by a grid of rectangles or squares. They often depict the structure of the cosmos or calendar cycles.

Cuadrículas rectangulares: Patrones formados por una cuadrícula de rectángulos o cuadrados. A menudo representan la estructura del cosmos o los ciclos del calendario.

Spirals and Concentric Circles: Spiral or circular patterns often surrounded by concentric rings symbolize cycles of time, cosmic order, and eternal life.

Espirales y círculos concéntricos: Patrones espirales o circulares a menudo rodeados de anillos concéntricos simboliza ciclos de tiempo, orden cósmico y vida eterna.

a global thread of creativity and respect into every quilt.

AZTEC AND NAHUA CULTURES (MEXICO)

The Aztec and Nahua cultures of central Mexico are celebrated for their rich artistic traditions, which continue to inspire modern makers and quilters alike. Their textiles and decorative arts were renowned for bold, geometric patterns, intricate symbolism, and the use of natural dyes to achieve vibrant colors.

Aztec and Nahua designs often feature repeating motifs—such as stepped fretwork, spirals, diamonds, and stylized animals—each holding deep cultural and narrative significance. These patterns, originally

Incorporar influencias mayas no solo celebra este legado cultural increíble, sino que también entreteje un hilo global de creatividad y respeto en cada quilt.

LAS CULTURAS AZTECA Y NAHUA (MÉXICO)

Las culturas azteca y nahua de la región central de México son reconocidas por sus ricas tradiciones artísticas, que continúan inspirando a creadores y quilters de todo el mundo. Sus textiles y artes decorativas se distinguen por patrones geométricos audaces, simbolismo intrincado y el uso de tintes naturales para lograr colores vibrantes.

Los diseños aztecas y nahuas suelen incluir motivos repetidos—como grecas escalonadas, espirales, diamantes y animales estilizados—cada uno con un

woven into garments, murals, and ceremonial objects, can now inspire quilt blocks, borders, and entire quilt compositions.

By embracing Aztec and Nahua influences in quilting, we honor their enduring legacy of craftsmanship, community, and connection to nature. Incorporating their motifs into quilts is a meaningful way to celebrate heritage, geometry, and the universal language of design.

profundo significado cultural y narrativo. Estos patrones, que originalmente adornaban vestimentas, murales y objetos ceremoniales, ahora pueden inspirar bloques de acolchado, bordes y composiciones completas.

Al integrar influencias aztecas y nahuas en el acolchado, honramos su legado perdurable de artesanía, comunidad y conexión con la naturaleza. Incorporar sus motivos en los quilts es una forma significativa de celebrar la herencia, la geometría y el lenguaje universal del diseño.

Geometric Friezes: Repeating geometric patterns, including rectangles, triangles, and diamonds represent various deities and the structure of the universe.

Frisos geométricos: Patrones geométricos repetidos, incluidos rectángulos, triángulos y diamantes representan diversas deidades y la estructura del universo.

Ollin (Movement): A central symbol often surrounded by geometric patterns. It represents the concept of movement and the cyclical nature of time.

Ollin (movimiento): Un símbolo central a menudo rodeado de patrones geométricos. Representan el concepto de movimiento y la naturaleza cíclica del tiempo.

Eagle and Jaguar Motifs: Geometric representations of eagles or jaguars. They symbolize strength, power, and the divine.

Motivos de águilas y jaguares: Representaciones geométricas de águilas o jaguares. Simboliza la fuerza, el poder y lo divino.

MAPUCHE CULTURES (CHILE, ARGENTINA)

The Mapuche people, native to southern Chile and Argentina, hold a rich textile tradition that has captivated artisans around the world. For centuries, Mapuche weavers have created textiles that are not only practical but deeply symbolic, communicating identity, connection to nature, and community values.

Mapuche textiles are known for their earthy colors, geometric patterns, and distinctive symbols called *ñimin*, which carry meanings of protection, fertility, the land, and ancestral stories. Common motifs include stepped designs, zigzags, crosses, and diamonds—each with a profound cultural significance.

For quilters, these motifs and earthy color palettes can inspire designs that celebrate resilience, storytelling, and respect for nature. Incorporating Mapuche influences into quilts honors this beautiful legacy, weaving a thread of heritage and cultural appreciation into every stitch.

GUARANÍ CULTURES (PARAGUAY, BRAZIL)

The Guaraní people of Paraguay and Brazil have a rich cultural heritage deeply connected to the natural world. Their artistry, expressed through weaving, basketry, and body painting, is renowned for its intricate geometric patterns and organic

LAS CULTURAS MAPUCHE (CHILE, ARGENTINA)

El pueblo mapuche, originario del sur de Chile y Argentina, posee una rica tradición textil que ha cautivado a artesanos de todo el mundo. Durante siglos, los tejedores mapuches han creado textiles que no solo son prácticos, sino que también están cargados de simbolismo, comunicando identidad, conexión con la naturaleza y valores comunitarios.

Los textiles mapuches se caracterizan por sus colores terrosos, patrones geométricos y símbolos distintivos llamados *ñimin*, que transmiten significados de protección, fertilidad, la tierra y relatos ancestrales. Entre los motivos más comunes se encuentran los diseños escalonados, zigzags, cruces y diamantes—cada uno con un profundo significado cultural.

Para los quilters, estos motivos y paletas de colores terrosos pueden inspirar diseños que celebran la resiliencia, la narración de historias y el respeto por la naturaleza. Incorporar influencias mapuches en quilts honra este hermoso legado, tejiendo un hilo de herencia y aprecio cultural en cada puntada.

LAS CULTURAS GUARANÍES (PARAGUAY, BRASIL)

El pueblo guaraní de Paraguay y Brasil posee un rico patrimonio cultural profundamente conectado con la naturaleza. Su arte, expresado a través del tejido, la cestería y la pintura corporal, es conocido por sus intrincados patrones geométricos y motivos orgánicos

Guemil (Star): Star-like geometric patterns represent protection and guidance.

Guemil (estrella): Patrones geométricos en forma de estrella representan protección y orientación.

Kultrun (Drum Symbol): A circular symbol with radial lines. It represents the universe and spiritual balance.

Kultrun (símbolo del tambor): Un símbolo circular con líneas radiales. Representan el universo y el equilibrio espiritual.

Rectangular and Triangular Patterns: Simple shapes used in repeating patterns reflect the natural world and balance.

Patrones rectangulares y triangulares: Formas simples utilizadas en patrones repetidos refleja el mundo natural y el equilibrio.

Animal Motifs: Geometric patterns resembling animals like jaguars, birds, and snakes symbolize natural spirits and deities.

Motivos animales: Patrones geométricos que se asemejan a animales como jaguares, pájaros y serpientes simbolizas espíritus y deidades naturales.

Nature-Inspired Geometrics: Patterns derived from natural elements like leaves or flowers represent the interconnectedness of life and nature.

Geometría inspirada en la naturaleza: Patrones derivados de elementos naturales como hojas o flores representan la interconexión de la vida y la naturaleza.

motifs that reflect the lush rainforests and rivers of their homeland.

Guaraní designs often feature repeating diamond shapes, stepped lines, and stylized representations of plants and animals—each carrying cultural stories about fertility, nature's cycles, and the interconnectedness of all living things. Traditionally, these patterns are passed down through generations, preserving the wisdom and identity of the Guaraní people.

For quilters, these designs can inspire vibrant, meaningful quilt blocks and borders that celebrate nature's beauty and the resilience of indigenous traditions. Incorporating Guaraní influences into your quilting is a powerful way to honor this rich legacy while adding depth and global connection to your creative work.

AFRO-LATIN CULTURES (BRAZIL, COLOMBIA)

Afro-Latin cultures in Brazil and Colombia are deeply rooted in centuries of resilience, creativity, and community. From the colorful rhythms of samba and *maracatu* in Brazil to the powerful beats of *cumbia* and *champeta* in Colombia, Afro-Latin heritage shines through music, dance, and textiles.

Textiles in Afro-Latin communities often feature bold color combinations, rhythmic patterns, and improvisational design—echoing the vibrancy of cultural festivals and the artistry of everyday life. Geometric shapes, bright contrasts, and

que reflejan las exuberantes selvas y ríos de su tierra natal.

Los diseños guaraníes suelen presentar formas de diamante repetidas, líneas escalonadas y representaciones estilizadas de plantas y animales—cada uno con historias culturales sobre la fertilidad, los ciclos de la naturaleza y la interconexión de todos los seres vivos. Tradicionalmente, estos patrones se transmiten de generación en generación, preservando la sabiduría y la identidad del pueblo guaraní.

Para los quilters, estos diseños pueden inspirar bloques y bordes vibrantes y significativos que celebran la belleza de la naturaleza y la resiliencia de las tradiciones indígenas. Incorporar influencias guaraníes en tu acolchado es una forma poderosa de honrar este rico legado mientras le das profundidad y una conexión global a tu obra creativa.

LAS CULTURAS AFROLATINAS (BRASIL, COLOMBIA)

Las culturas afro-latinas de Brasil y Colombia están profundamente arraigadas en siglos de resiliencia, creatividad y comunidad. Desde los coloridos ritmos de samba y maracatú en Brasil hasta los potentes beats de cumbia y champeta en Colombia, el patrimonio afro-latino brilla a través de la música, la danza y los textiles.

Los textiles en las comunidades afro-latinas suelen presentar combinaciones de colores audaces, patrones rítmicos y diseños improvisados—reflejando la vitalidad de las festividades culturales y el arte en la vida cotidiana. Formas geométricas, contrastes brillantes y

layered textures come together in a dynamic visual language that celebrates cultural identity and resistance.

In quilting, these influences can inspire joyful compositions that blend rhythm and movement with storytelling. Incorporating Afro-Latin motifs and color palettes into your quilts not only honors this powerful heritage but also stitches together a vibrant tapestry of creativity and resilience.

GENERAL SIGNIFICANCE

Many geometric patterns represent celestial bodies, cosmic order, and spiritual beliefs. Patterns can also indicate social status, identity, and community affiliation. Geometric symbols are often used in rituals and as ceremonial objects, emphasizing their spiritual and cultural importance.

These geometric symbols and patterns not only serve as artistic elements but also carry profound meanings that reflect the rich cultural heritage and worldview of Latin American societies.

texturas en capas se unen en un lenguaje visual dinámico que celebra la identidad cultural y la resistencia.

En el acolchado, estas influencias pueden inspirar composiciones llenas de alegría que combinan ritmo y movimiento con relatos de vida. Incorporar motivos y paletas de colores afro-latinos en tus quilts no solo honra este poderoso legado, sino que también cose una vibrante historia de creatividad y resiliencia.

LA IMPORTANCIA GENERAL

Muchos patrones geométricos representan cuerpos celestes, orden cósmico y creencias espirituales. Los patrones también pueden indicar estatus social, identidad y afiliación comunitaria. Los símbolos geométricos se utilizan a menudo en rituales y como objetos ceremoniales, enfatizando su importancia espiritual y cultural.

Estos símbolos y patrones geométricos no sólo sirven como elementos artísticos sino que también conllevan significados profundos que reflejan la rica herencia cultural y la cosmovisión de las sociedades latinoamericanas.

Orisha Symbols: Geometric patterns related to specific Orisha deities. Each pattern represents different deities and their attributes.

Símbolos de Orisha: Patrones geométricos relacionados con deidades de Orisha específicas. Cada patrón representan diferentes deidades y sus atributos.

Contrasting Patterns: Bold, dissimilar geometric shapes reflect the vibrant and diverse cultural influences.

Patrones de contraste: Formas geométricas llamativas y distintas refleja las vibrantes y diversas influencias culturales.

All About Fabrics

Todo sobre telas

In this section, we'll discuss the different types of fabric that you will need for quilting. We'll also go over common terminology and what to look for as you are selecting your materials.

Quilting Cotton

Quilting cotton is the main fiber used in quilting/patchwork because it has many qualities that make it ideal for quilting; it is a good choice for beginner crafters. Quilting cotton is higher quality and has a higher thread count than regular cotton, making it more durable and less likely to fray or distort. It is also a medium-weight fabric that's stable and doesn't fray easily. Using a consistent weight fabric in quilts can also improve durability.

Because it has threads that don't stretch, quilting cotton won't cause the quilt to pucker after washing or use. It also has a distinct texture and matte finish that allows it to blend into the fabric better. Quilts

En esta sección, abordaremos los diferentes tipos de tela necesarios para el quilting. Asimismo, exploraremos la terminología más común y los criterios claves a considerar al momento de seleccionar los materiales.

Algodón para quilting

Algodón para quilting es la fibra principal utilizada en el quilting/patchwork, ya que posee muchas cualidades que la hacen ideal para el quilting; es una buena opción para los quilters principiantes. Algodón para quilting es de mayor calidad y tiene un mayor número de hilos que el algodón común, lo que lo hace más duradero y menos propenso a deshilacharse o deformarse. También, es una tela de peso medio que es estable y no se deshilacha fácilmente. Usar una tela de peso consistente en los quilts también puede mejorar su durabilidad.

Gracias a sus hilos que no se estiran, el algodón para quilting no causará que el quilt se arrugue después del lavado o del uso. Además, tiene una textura distintiva y

Quilting cotton is a high-quality cotton fabric that is great for beginners.

Algodón para quilting es un tela de alta calidad ideal para principiantes.

naturally wrinkle and become softer after washing, so some shrinkage in quilting cotton is usually not very noticeable. However, some quilters choose to pre-wash quilting cotton before use.

Additionally, it comes in a wide range of colors and prints and is available in yardage and pre-cuts. Pre-cuts were created to save time and effort for quilters by providing them with a convenient way to access a variety of fabric pieces in coordinating colors and patterns without the need to measure and cut them individually. These pre-cut bundles are especially useful for those who want to start their projects quickly or who may not have access to a wide range of fabrics.

un acabado opaco que le permite integrarse mejor con la tela. Los quilts se arrugan y se vuelven más suaves de forma natural después del lavado, ya que hay un ligero encogimiento en el algodón para quilting generalmente no es muy notorio. Sin embargo, algunos quilters eligen prelavar el algodón para quilting antes de usarlo.

Además, vienen en una amplia gama de colores y estampados, y está disponible por metraje y en tela precortada. Las telas precortadas se crearon para ahorrar tiempo y esfuerzo a los quilters al proporcionarles una forma conveniente de acceder a una variedad de piezas de tela en colores y patrones coordinados, sin necesidad de medir y cortar cada una individualmente. Estos paquetes de telas precortadas son especialmente útiles para aquellos que desean comenzar sus proyectos rápidamente o que no tienen acceso a una amplia gama de telas.

COMMONLY FOUND PRE-CUTS

Here is a list of the most commonly pre-cuts found in quilt shops. The names used by Moda are listed here; other manufacturers refer to them by their own names, but the sizes remain the same.

LAS TELAS PRECORTADAS MÁS COMUNES

Aquí está una lista de las telas precortadas más comunes que se encuentran en las tiendas de quilting. Los nombres utilizados por Moda se enumeran aquí; otros fabricantes los nombran de manera diferente, pero los tamaños se mantienen iguales.

Mini Charm Packs
Size: 2½" x 2½" squares
These packs typically contain 42 squares of fabrics.

Paquete de Mini Charms
Tamaño: cuadrados de 2½"
Normalmente contienen 42 cuadrados de tela.

Charm Packs™
Size: 5" x 5" squares
These packs typically contain 40–42 squares of fabric.

Paquete de Charm Pack™
Tamaño: cuadrados de 5"
Normalmente contienen 40–42 cuadrados de tela.

Layer Cakes™
Size: 10" x 10" squares
These packs typically contain 42 squares of fabric.

Paquete de Layer Cake™
Tamaño: cuadrados de 10"
Normalmente contienen 42 cuadrados de tela.

Jelly Rolls™
Size: 2½" x WOF (Width of Fabric) strips
These packs typically contain 40–42 strips of fabric.

Paquete de Jelly Rolls™
Tamaño: Tiras de 2½" por el ancho de tela
Normalmente contienen 40-42 tiras de tela.

Fat Eighths
Size: 9" x 22" rectangles
These packs vary in quantity based on each collection.

Paquetes de Fat Eighths
Tamaño: rectángulos de 9" x 22"
Estos paquetes varían en cantidad según la colección.

Fat Quarters
Size: 18" x 22" rectangles
These packs vary in quantity based on each collection.

Paquetes de Fat Quarters
Tamaño: rectángulos de 18" x 22"
Estos paquetes varían en cantidad según la colección.

Honey Buns™
Size: 1½" x WOF
(Width of Fabric) strips
These packs typically
contain 40–42 strips
of fabric.

Paquete de Honey Buns™
Tamaño: Tiras de 1½"
por el ancho de tela
Normalmente contienen
40-42 tiras de tela.

Linen Fabrics

Linen fabrics can offer a unique texture and aesthetic for quilting. Here's an overview of linen specifically for quilting:

- It has a distinctive texture that is often described as crisp and slightly coarse. It can have a natural, slubby look with irregularities in the weave that add character.
- It is breathable and tends to become softer and more pliable with each wash. It can feel cool and comfortable against the skin, making it a popular choice for summer quilts.
- It either has a natural luster, which can give quilts a subtle sheen, or has a matte finish, which can make it look more casual and relaxed.
- It comes in a range of colors, but they are often muted, earthy tones. The dyeing process can sometimes result in variations and depth of color.
- It is known for its strength and durability. It is one of the oldest textile fibers and has been used for thousands of years due to its longevity.
- While durable, it can wrinkle easily and may require more maintenance to keep it looking smooth. However, many people appreciate the natural wrinkles as part of the fabric's charm.

Las telas de lino

Telas de lino pueden ofrecer una textura y estética únicas para el quilting. Aquí está una descripción general de las telas de lino específicamente para el quilting:

- Tiene una textura distintiva que a menudo se describe como crujiente y ligeramente áspera. Puede tener un aspecto natural y desigual con irregularidades en el tejido que añaden carácter.
- Es respirable y tiende a volverse más suave y flexible con cada lavado. Puede sentirse fresca y cómoda en la piel, lo que la convierte en una opción popular para quilts de verano.
- Tiene un brillo natural, que puede darle a los quilts un acabado sutilmente brillante, o un acabado mate, que le da un aspecto más casual y relajado.
- Está disponible en una gama de colores, pero a menudo se encuentra en tonos apagados y terrosos. El proceso de teñido a veces puede resultar en variaciones y profundidad de color.
- Es conocida por su resistencia y durabilidad. Es una de las fibras textiles más antiguas y se ha utilizado durante miles de años debido a su longevidad.
- Aunque es duradera, puede arrugarse fácilmente y puede requerir más cuidado para mantener la tela con un aspecto liso. Sin embargo, muchas personas

- It is typically woven in a plain or twill weave. The plain weave is the most common for quilting, offering a balanced structure that works well in patchwork and quilting.
- It can be heavier than traditional quilting cotton, which might impact the drape and feel of a quilt. It tends to be less forgiving in terms of flexibility compared to cotton.
- Linen can be used for quilt piecing, but its slightly coarser texture may require more precise cutting and sewing. It may also fray more easily than cotton, so it's helpful to use a zigzag stitch or serge the edges to prevent unraveling.

Woven Cotton

Woven cotton is a versatile and beloved textile made from natural cotton fibers that are interlaced using a time-honored weaving technique. This process involves crossing threads—known as the warp and weft—over and under each other in a crisscross pattern, creating a fabric that is both sturdy and textured. The term "woven" highlights this method of construction, distinguishing it from other fabric types like knits or non-wovens.

aprecian las arrugas naturales como parte del encanto de la tela.
- Se teje típicamente en un tejido liso o en sarga. El tejido liso es el más común para el quilting, ya que ofrece una estructura equilibrada que funciona bien en el patchwork/quilting.
- Puede ser más pesado que el algodón para quilting tradicional, lo que podría afectar la caída y la sensación del quilt. Tiende a ser menos flexible en comparación con el algodón.
- El lino puede usarse para la confección de quilts, pero su textura ligeramente más áspera puede requerir un corte y costura más precisa. Además, puede deshilacharse más fácilmente que el algodón, por lo que es útil utilizar una puntada en zigzag o sobrehilar los bordes para evitar el deshilachado.

El algodón tejido

El algodón tejido es un textil versátil y apreciado, elaborado a partir de fibras naturales de algodón que se entrelazan utilizando una técnica de tejido tradicional. Este proceso consiste en cruzar hilos—conocidos como urdimbre y trama—por encima y por debajo unos de otros en un patrón entrecruzado, creando así una tela

Linen fabrics for quilting are beautiful and often more breathable than cotton, making them great for summer quilts. However, they can be harder to cut and sew and can require more maintenance.

Las telas de lino son hermosas y a menudo más respirable que el algodón, lo que las hace ideales para quilts de verano. Sin embargo, pueden ser más difíciles de cortar y coser y pueden requerir más cuidado para mantener las telas.

Woven cotton fabrics are firm and stable—perfect for quilting projects. Their interlaced structure makes precise cutting and clean seams easier.

Las telas de algodón tejido son firmes y estables—perfectas para proyectos de quilting. Su estructura entrelazada facilita cortes precisos y costuras limpias.

Quilters and makers love woven cotton for its durability, natural breathability, and tactile quality, which make it ideal for a variety of projects from quilts to home décor. Its subtle texture adds depth and visual interest, making each piece feel special and unique.

Today, one of the most recognized brands for high-quality woven cotton is Fableism Supply Co, celebrated for its vibrant color palettes and beautifully curated collections. Their woven fabrics bring modern charm to traditional craftsmanship, inspiring quilters to explore texture, color, and dimension in their creative projects.

Color Theory

Color combinations are often subject to personal taste, reflecting individual preferences. Individuals commonly gravitate toward specific colors, resulting in a consistent selection within their fabric collection, typically aligning with either a warm or cool color palette.

The color wheel serves as a valuable tool and a point of reference when planning the color scheme and fabric selection for a quilt's design.

Primary colors consist of red, yellow, and blue, which cannot be created by mixing other colors. By blending primary colors, **secondary colors** like orange, green, and purple are formed. **Tertiary colors**, such as red-orange, yellow-orange,

resistente y con textura. El término "tejido" destaca este método de construcción, diferenciándolo de otros tipos de tela como el punto o los no tejidos.

Los quilters y artesanos adoran el algodón tejido por su durabilidad, transpirabilidad natural y su calidad táctil, que lo hacen ideal para una gran variedad de proyectos, desde quilts hasta decoración para el hogar. Su textura sutil agrega profundidad e interés visual, haciendo que cada pieza se sienta especial y única.

Hoy en día, una de las marcas más reconocidas por su algodón tejido de alta calidad es Fableism Supply Co, conocida por sus vibrantes paletas de colores y sus hermosas colecciones cuidadosamente seleccionadas. Sus telas tejidas aportan un encanto moderno a la artesanía tradicional, inspirando a los quilters a explorar la textura, el color y la dimensión en sus proyectos creativos.

Teoria del color

Las combinaciones de colores suelen ser influenciadas por las preferencias individuales, reflejando el gusto personal de cada persona. Es común observar una tendencia hacia colores específicos, lo que se traduce en una selección coherente en la gama de telas elegidas, a menudo asociada con una paleta de colores cálidos o fríos.

La gama de colores sirve como una herramienta valiosa y un punto de referencia al planificar la combinación de colores y la selección de telas para el diseño de una quilt.

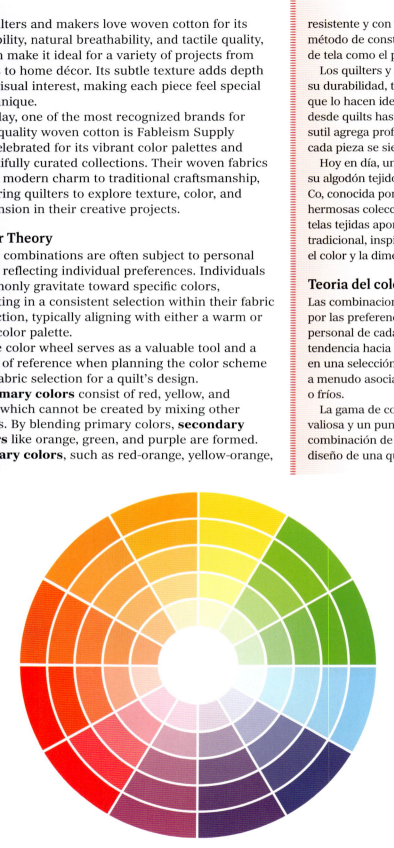

The color wheel is a fundamental tool for understanding color theory. It aids in selecting harmonious fabric combinations and achieving balanced, visually appealing quilt designs.

La rueda de color es una herramienta fundamental para comprender la teoría del color. Ayuda a seleccionar combinaciones de telas armoniosas y a lograr diseños de quilt equilibrados y visualmente atractivos.

Fabrics in primary colors—yellow, blue, and red—form the vibrant foundation for endless quilting possibilities.

Telas en colores primarios—amarillo, azul y rojo—que forman la base vibrante para infinitas posibilidades en el quilting.

Fabrics in secondary colors—green, purple, and orange—bring richness and depth by blending the vibrancy of primary hues.

Telas en colores secundarios—verde, morado y naranja—que aportan riqueza y profundidad al combinar la energía de los colores primarios.

A vibrant array of colors inspiring endless creativity and perfect for mixing and matching in your quilting projects.

Una vibrante variedad de colores que inspira creatividad sin límites y es perfecta para combinar en tus proyectos de quilting.

Monochromatic fabric and thread selections utilize varying values and intensities of a single hue to achieve visual cohesion and nuanced texture within quilt design.

La selección de telas e hilos monocromáticos utiliza distintos valores e intensidades de un solo tono para lograr cohesión visual y texturas matizadas en el diseño del quilt.

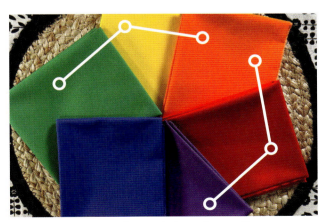

Analogous colors sit side by side on the color wheel, creating a harmonious and visually pleasing palette perfect for quilting and fabric design.

Los colores análogos se encuentran uno al lado del otro en la rueda de color, creando una paleta armoniosa y visualmente agradable, ideal para quilting y diseño textil.

Fabrics in a basic color wheel show how colors relate, helping you pick beautiful combinations for your quilt.

Las telas en una rueda de color básica muestran cómo se relacionan los colores, ayudándote a elegir combinaciones bonitas para tu quilt.

yellow-green, blue-green, blue-purple, and red-purple, result from mixing a primary and a secondary color.

Monochromatic colors involve various shades of a single color. **Complementary colors** are positioned opposite each other on the color wheel. **Analogous colors** are adjacent to each other on the color wheel. **Polychromatic colors** encompass the entire spectrum, akin to a rainbow.

In the realm of color theory, "value" pertains to the lightness or darkness of a fabric rather than its specific hue. Arranging fabrics from light to dark helps establish fabric value, which can change based on adjacent fabrics. Organizing fabrics by value aids in determining their placement within a quilt's design.

Fabric Grain

Quilting cotton fabric is a popular choice for quilting/patchwork due to its unique characteristics and suitability for intricate designs. When discussing quilting cotton, "grain" refers to the orientation of the fabric's threads, which affects its behavior and appearance. Here's a detailed description of quilting cotton fabric grain.

GRAIN DEFINITIONS

- **Lengthwise Grain (Warp):** The threads running parallel to the selvage (the finished edge of the fabric). This grain is generally the strongest and most stable direction of the fabric, making it less likely to stretch or distort.
- **Crosswise Grain (Weft):** The threads running perpendicular to the selvage. While slightly less stable than the lengthwise grain, it still maintains a good level of stability. The crosswise grain can exhibit a bit of stretch, which is useful for shaping.

Los colores primarios, compuestos por rojo, amarillo y azul, constituyen la base de todas las combinaciones cromáticas al ser imposibles de crear mediante la mezcla de otros colores. Al combinar los colores primarios, surgen **los colores secundarios** como naranja, verde y morado, ampliando la paleta de tonalidades disponibles. **Los colores terciarios**, como rojo anaranjado, amarillo anaranjado, amarillo verdoso, azul verdoso, azul violeta y rojo violeta, emergen de la fusión de un color primario con uno secundario, ofreciendo una gama intermedia de tonos.

La gama de **colores monocromáticos** abarca diversas tonalidades de un mismo color, permitiendo variaciones sutiles dentro de una misma tonalidad. **Los colores complementarios** se sitúan en lados opuestos del círculo cromático, generando un contraste vibrante y equilibrado al combinarse. **Los colores análogos** se encuentran adyacentes en la rueda de colores, lo que crea armonía visual al compartir matices similares. **Los colores policromáticos** abarcan todo el espectro, similar a un arco iris.

En la teoría del color, el término "valor" se refiere a la luminosidad u oscuridad de un color, independientemente de su tonalidad específica. Ordenar los colores de claro a oscuro ayuda a establecer el valor de cada tono, siendo esta clasificación fundamental para el diseño de composiciones visuales, como el de un quilt, al determinar su disposición y contraste.

El hilo de la tela

La tela de algodón para quilting es una opción popular para el quilting/patchwork debido a sus características únicas y su capacidad de crear diseños complejos. Al hablar de la tela de algodón para quilting, el término "hilo" se refiere a la orientación de los hilos de la tela, lo que afecta su comportamiento y apariencia. Aquí tienes una descripción detallada del hilo de la tela de algodón para quilting.

LOS DEFINICIONES DE HILO DE LA TELA

- **El hilo a lo largo (urdir):** Los hilos que corren paralelos al orillo (el borde terminado de la tela). Este hilo es generalmente la dirección más fuerte y estable de la tela, lo que la hace menos propensa a estirarse o deformarse.
- **El hilo a lo ancho (trama):** Los hilos que corren perpendiculares al orillo. Aunque es ligeramente menos estable que el hilo a lo largo, mantiene un buen nivel de estabilidad. El hilo a lo ancho puede mostrar un poco de estiramiento, lo cual es útil para dar forma.

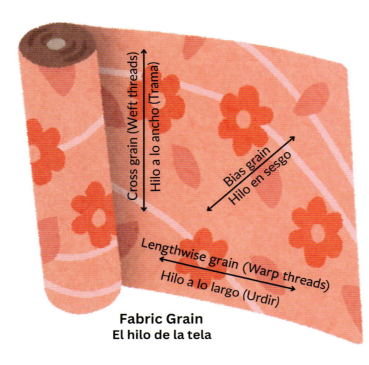

Fabric Grain
El hilo de la tela

Cross grain (Weft threads)
Hilo a lo ancho (Trama)

Bias grain
Hilo en sesgo

Lengthwise grain (Warp threads)
Hilo a lo largo (Urdir)

Understanding fabric grain and how it works will help you succeed in making your first quilting projects.

Comprender el hilo de la tela y cómo funciona le ayudará a tener éxito al hacer sus primeros proyectos de quilting.

- **Bias Grain:** The diagonal direction of the fabric, running at a 45-degree angle to both the lengthwise and crosswise grains. The bias grain has the most stretch and drape, making it ideal for curves and shaping in quilting and garment construction.

CHARACTERISTICS OF QUILTING COTTON FABRIC GRAIN

- **Consistency:** Quilting cotton typically has a uniform grain, which contributes to its smooth texture and ease of handling. The grain is generally well aligned, making it easier to cut and sew with precision.
- **Stability:** The lengthwise grain offers the greatest stability and is less prone to distortion or stretching. This stability is important for achieving accurate quilting blocks and maintaining consistent seam allowances.
- **Drape and Flexibility:** The bias grain provides flexibility and drape, allowing quilters to manipulate the fabric around curves and angles. This makes it easier to create intricate patterns and designs.
- **Seam Alignment:** Proper alignment with the grain ensures that seams and patterns remain consistent throughout the quilting project. Misalignment can lead to distortion or puckering.

- **El hilo en sesgo:** La dirección diagonal de la tela, que corre a un ángulo de 45 grados tanto respecto al hilo a lo largo como al hilo a lo ancho. El hilo en sesgo tiene el mayor estiramiento y caída, lo que lo hace ideal para curvas y modelado en acolchado y confección de prendas.

LAS CARACTERÍSTICAS DEL HILO DE TELA DE ALGODÓN PARA QUILTING

- **La consistencia:** La tela de algodón para quilting generalmente tiene un hilo uniforme, lo que contribuye a su textura suave y facilidad de manejo. El hilo está generalmente bien alineado, lo que facilita el corte y la costura con precisión.
- **La estabilidad:** El hilo a lo largo ofrece la mayor estabilidad y es menos propenso a la distorsión o al estiramiento. Esta estabilidad es crucial para lograr bloques de acolchado precisos y mantener márgenes de costura consistentes.
- **La caída y flexibilidad:** El hilo en sesgo proporciona flexibilidad y caída, permitiendo a los quilters manipular la tela alrededor de curvas y ángulos. Esto facilita la creación de patrones y diseños intrincados.
- **La alineación de costuras:** Una alineación adecuada con el hilo garantiza que las costuras y los patrones se mantengan consistentes a lo largo del proyecto de acolchado. La desalineación puede provocar distorsión o arrugas.

PRACTICAL CONSIDERATIONS IN CUTTING AND SEWING

When cutting quilting cotton, it's important to align your pieces with the grain to ensure accurate dimensions and reduce the risk of distortion. Cutting along the lengthwise grain will yield the most stable pieces, while cutting on the bias can be used strategically for curves.

Understanding the grain helps in sewing quilting cotton, as it allows for better handling of the fabric and more precise piecing. Using the grain to your advantage can enhance the overall appearance and durability of your quilt.

Overall, the grain of quilting cotton plays a crucial role in its performance and appearance in quilting projects. Understanding and working with the grain effectively can lead to more professional and precise results in your quilting endeavors.

LAS CONSIDERACIONES PRÁCTICAS AL CORTAR Y COSER

Al cortar tela de algodón para acolchado, es crucial alinear las piezas con el hilo para asegurar dimensiones precisas y reducir el riesgo de distorsión. Cortar a lo largo del hilo proporcionará que las piezas sean más estables, mientras que cortar en el sesgo puede utilizarse de manera estratégica para curvas.

Entender el hilo es fundamental para coser tela de algodón para quilting, ya que permite un mejor manejo de la tela y una unión más precisa de las piezas. Aprovechar el hilo a tu favor puede mejorar la apariencia general y la durabilidad del quilt.

En general, el hilo de la tela de algodón para quilting desempeña un papel crucial en su rendimiento y apariencia en los proyectos de acolchado. Entender y trabajar con el hilo de manera efectiva puede llevar a resultados más profesionales y precisos en tus esfuerzos de acolchado.

When cutting quilting cotton, it's important to align your pieces with the grain to ensure accurate dimensions and reduce the risk of distortion.

Al cortar tela de algodón para acolchado, es crucial alinear las piezas con el hilo para asegurar dimensiones precisas y reducir el riesgo de distorsión.

Components of a Quilt

A quilt is a beautifully crafted textile piece that combines artistry and functionality. Its construction involves several key components, each contributing to the quilt's overall design and utility. You'll often hear quilters refer to the "quilt sandwich." The quilt sandwich is the foundational layer of a quilt that consists of three essential components: the quilt top, the batting, and the backing fabric. The quilt top is the decorative layer featuring various patterns and designs. The batting is a layer of soft, padded material placed underneath the top, provides warmth and loft. The backing fabric is the final layer, stitched to the back of the quilt to encase the batting and the quilt top.

To assemble a quilt sandwich, the quilt top is laid out flat, followed by the batting, which is then smoothed to remove wrinkles. Finally, the backing fabric is placed over the batting and quilt top, ensuring everything is aligned and smooth. The entire sandwich is then quilted, either by hand or machine, to secure the layers together and add texture. This process is crucial for creating a finished quilt that is both functional and aesthetically pleasing. Here, we'll explore the different parts and the fabrics needed to create them.

QUILT TOP

The quilt top is the uppermost layer of a quilt and serves as its decorative and design element. It is the part of the quilt that is most visible and often where the primary artistic expression occurs.

The quilt top is typically composed of multiple fabric pieces sewn together. These pieces can range from simple squares and rectangles to more complex shapes like triangles, hexagons, or even intricate appliqué designs. The arrangement of these pieces forms a specific pattern or design.

Quilt tops can feature a wide variety of patterns, from traditional designs like Log Cabins, 9-Patch, and Star blocks to modern and abstract patterns. (See page 69 for more information on some traditional designs.) The design might include repeating motifs or a more freeform artistic layout.

Quilters use a diverse range of fabrics to construct the quilt top, including cotton, linen, and specialty fabrics. The choice of fabric affects the quilt's texture, appearance, and durability. Fabrics can be solid colors, prints, or a combination and are often selected to create a cohesive or striking visual effect.

Los componentes de un quilt

Un quilt es una pieza textil bellamente elaborada que combina arte y funcionalidad. Su confección involucra varios componentes clave, cada uno contribuyendo al diseño y utilidad general del quilt. A menudo escucharás a los quilters referirse al "sándwich del quilt". El sándwich del quilt es la capa fundamental de una colcha que consiste en tres componentes esenciales: la parte superior del quilt (quilt top), el relleno (batting) y la tela trasera (backing fabric). La parte superior del quilt es la capa decorativa que presenta varios patrones y diseños. El relleno es una capa de material suave y acolchonado que se coloca debajo de la parte superior, proporcionando calor y volumen. La tela trasera es la capa final, cosida en la parte posterior del quilt para encerrar el relleno y la parte superior.

Para ensamblar el sándwich del quilt, la parte superior se extiende plana, seguida del relleno, el cual se alisa para eliminar arrugas. Finalmente, se coloca la tela trasera sobre el relleno y la parte superior, asegurándose de que todo esté alineado y liso. Todo el sándwich se cose luego, ya sea a mano o a máquina, para fijar las capas y agregar textura. Este proceso es crucial para crear un quilt terminado que sea tanto funcional como estéticamente atractivo. Aquí exploraremos las diferentes partes y las telas necesarias para crearlas.

LA PARTE SUPERIOR DEL QUILT

La parte superior del quilt es la capa más visible y sirve como el elemento decorativo y de diseño del quilt. Es la parte del quilt que más se muestra y, a menudo, donde ocurre la principal expresión artística.

La parte superior del quilt suele estar compuesta por múltiples piezas de tela cosidas entre sí. Estas piezas pueden ir desde cuadrados y rectángulos simples hasta formas más complejas como triángulos, hexágonos o incluso diseños intrincados de aplicación (appliqué). La disposición de estas piezas forma un patrón o diseño específico.

Los quilts pueden presentar una gran variedad de patrones, desde diseños tradicionales como Log Cabins, bloque de 9 cuadrados y bloques de estrella, hasta patrones modernos y abstractos. (Consulta la página 69 para más información sobre algunos diseños tradicionales.) El diseño puede incluir motivos repetitivos o una composición artística más libre.

Los quilters utilizan una amplia gama de telas para confeccionar la parte superior del quilt, incluyendo algodón, lino y telas especiales. La elección de la tela afecta la textura, apariencia y durabilidad del quilt. Las telas pueden ser de colores lisos, estampadas o una

Backing Fabric
La tela posterior

Batting
El punzonado o guata

Quilt Top
La parte superior
del quilt

The creation of the quilt sandwich is the fundamental step of a quilt. The quilt sandwich consists of three essential components: the quilt top, the batting, and the backing fabric.

La creación del quilt sándwich es el paso fundamental de un quilt. El quilt sándwich consta de tres componentes esenciales: la parte superior del quilt, el relleno (batting) y la tela posterior.

Quilt tops are generally pieced with quilting cotton, but can be made of a variety of fabric types.

La parte superior de un quilt generalmente se ensamblan con telas de algodón para quilting, pero pueden hacerse con una variedad de tipos de tela.

The process of piecing involves sewing the fabric pieces together according to a pattern or design. Precision is important in piecing to ensure that the quilt top lies flat and the design aligns correctly. Techniques such as chain piecing or paper piecing might be used to achieve accuracy.

The color scheme and design of the quilt top are carefully planned to achieve the desired visual effect. This might involve selecting fabrics with complementary colors, patterns, and textures to create harmony or contrast in the finished quilt.

Borders are additional strips of fabric sewn around the edges of the quilt top, which can frame the main design and add an extra touch of style. Sashing refers to the fabric strips that are placed between blocks to separate them and provide visual continuity.

combinación, y a menudo se seleccionan para crear un efecto visual cohesivo o llamativo.

El proceso de ensamblaje (piecing) consiste en coser las piezas de tela según un patrón o diseño. La precisión es importante en este proceso para asegurar que la parte superior del quilt quede plana y que el diseño se alinee correctamente. Se pueden usar técnicas como el chain piecing o el paper piecing para lograr mayor exactitud.

El esquema de colores y el diseño de la parte superior del quilt se planifican cuidadosamente para lograr el efecto visual deseado. Esto puede implicar la selección de telas con colores, patrones y texturas complementarias para crear armonía o contraste en el quilt terminado.

Los bordes son tiras adicionales de tela cosidas alrededor de los bordes de la parte superior del quilt, que pueden enmarcar el diseño principal y añadir un toque extra de estilo. El sashing se refiere a las tiras

Techniques such as appliqué, embroidery, or patchwork can be incorporated into the quilt top to add texture, dimension, or additional decorative elements.

The quilt top is essentially the canvas of the quilt, showcasing the quilter's creativity and setting the stage for the final finished piece. It is carefully constructed not only to be aesthetically pleasing but also to provide a foundation for the subsequent layers and finishing steps in the quilting process.

BATTING

Batting is the layer of material sandwiched between the quilt top and the backing. It provides warmth, insulation, and a bit of loft, giving the quilt its characteristic thickness and softness. Batting can be made from various materials. Some of the common types are listed here:

- **Cotton:** Soft and breathable, cotton batting is a popular choice for traditional quilts. It has a natural feel and can shrink slightly after washing, giving quilts a crinkled texture.
- **Polyester:** This type of batting is synthetic and usually less expensive than cotton. It is known for its resilience and ability to retain its loft, and it's often chosen for its durability and ease of care.
- **Wool:** Wool batting is warm, lightweight, and can be very soft. It provides excellent insulation and can be a good choice for warmer quilts. This batting also tends to drape nicely and resist creases.

de tela colocadas entre los bloques para separarlos y proporcionar continuidad visual.

Técnicas como el appliqué, el bordado o el patchwork pueden incorporarse en la parte superior del quilt para añadir textura, dimensión o elementos decorativos adicionales.

La parte superior del quilt es esencialmente el lienzo del quilt, donde se muestra la creatividad del quilter y se prepara el escenario para la pieza finalizada. Se construye cuidadosamente no solo para ser estéticamente atractiva, sino también para proporcionar una base sólida para las capas y los pasos finales del proceso de quilting.

EL PUNZONADO/LA GUATA

El punzonado/guata es la capa de material que se encuentra entre la parte superior del quilt y y la parte posterior. Proporciona calor, aislamiento y un poco de volumen, dándole al quilt su grosor y suavidad característicos. El punzonado/guata puede estar hecho de diversos materiales. A continuación se enumeran algunos de los tipos más comunes:

- **El algodón:** Suave y transpirable, el punzonado/guata de algodón es una opción popular para los quilts tradicionales. Tiene una sensación natural y se encoge ligeramente después del lavado, dando a los quilts una textura arrugada.
- **El poliéster:** Este tipo de punzonado/guata es sintético y generalmente menos costoso que el algodón. Se destaca por su resiliencia y capacidad para mantener su volumen, y a menudo se elige por su durabilidad y facilidad de cuidado.

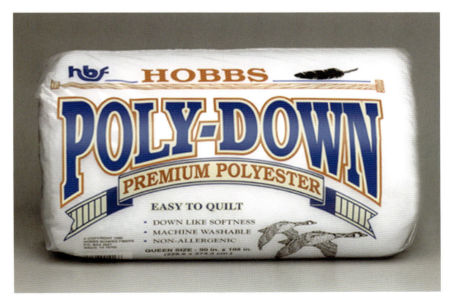

Polyester batting is usually less expensive than cotton and is often chosen for its durability and ease of care.

El punzonado/guata de poliéster es generalmente menos costoso que el algodón y a menudo se elige por su durabilidad y facilidad de cuidado.

- **Blend:** Some batting combines cotton and polyester to offer a mix of softness and durability. These blends aim to provide the benefits of both materials.
- **Bamboo:** Bamboo batting is a newer option that's eco-friendly and offers natural antibacterial properties. It's soft and drapes well, though it may be less common.

Batting comes in various thicknesses, or lofts, and can be purchased in different widths and lengths, typically in rolls. The choice of batting can influence the quilt's final appearance, feel, and functionality, so it's worth considering your needs and preferences when selecting it.

BACKING

Backing refers to the fabric layer that forms the underside of a quilt. It's the bottom layer of the quilt sandwich, which includes the quilt top, batting, and backing. The backing fabric serves both functional and aesthetic purposes:

- **Protection:** The backing helps protect the batting and quilt top from wear and tear. It acts as the bottom layer that is quilted through, securing all the layers together.

- **La lana:** El punzonado/guata de lana es cálido, ligero y puede ser muy suave. Proporciona una excelente aislación y puede ser una buena opción para colchas más cálidas; también tiende a caer con elegancia y a resistir las arrugas.
- **Una mezcla:** Algunos punzonados/guatas combinan algodón y poliéster para ofrecer una mezcla de suavidad y durabilidad. Estas mezclas buscan proporcionar los beneficios de ambos materiales.
- **El bambú:** El punzonado/guata de bambú es una opción más reciente que es ecológica y ofrece propiedades antibacterianas naturales. Es suave y cae bien, aunque puede ser menos común.

El punzonado/guata viene en diferentes grosores o volúmenes, y se puede comprar en varias anchuras y longitudes, generalmente en rollos. La elección del punzonado/guata puede influir en la apariencia final, la sensación y la funcionalidad del quilt, por lo que vale la pena considerar tus necesidades y preferencias al seleccionarlo.

PARTE POSTERIOR

La parte posterior se refiere a la capa de tela que forma la parte inferior de un quilt. Es la capa inferior del sándwich del quilt, que incluye la parte superior del quilt,

The backing fabric serves as the structural support for the quilt, providing stability and contributing to the overall durability and aesthetic of the finished quilt.

La tela posterior funciona como soporte estructural del quilt, proporcionando estabilidad y contribuyendo a la durabilidad y estética general de la pieza terminada.

Soft, warm, and cozy—flannel fabric is perfect for quilts, pajamas, and projects that call for extra comfort

Suave, cálida y acogedora—la tela de franela es ideal para quilts, pijamas y proyectos que requieren un toque adicional de confort.

Minky fabric is luxuriously soft and plush, adding a cozy, tactile dimension to quilts and sewing projects.

La tela minky es lujosamente suave y esponjosa, aportando una dimensión acogedora y táctil a quilts y proyectos de costura.

- **Stability:** It provides a stable surface for the quilting stitches, which help hold the layers together and prevent shifting or bunching.
- **Design Choice:** The backing fabric can be a single piece of fabric or pieced together from several smaller pieces. While the top of the quilt often features intricate designs and patterns, the backing can be more subdued or patterned, depending on personal preference.
- **Finish:** The backing often becomes visible when the quilt is flipped or draped, so choosing a fabric that complements or contrasts with the quilt top can enhance the overall look of the finished quilt.

The backing can also be made from a variety of different fabrics. Here are some of the most common:

- **Cotton:** This is the most common backing fabric, offering softness, durability, and ease of care. It's available in a wide range of colors and prints.
- **Flannel:** Flannel backing is warm and cozy, adding extra softness to the quilt. It's a good choice for quilts intended for cold weather.

el punzonado/guata y la parte posterior. La tela posterior cumple tanto funciones prácticas como estéticas:

- **La protección:** La parte posterior ayuda a proteger el punzonado/guata y la parte superior del quilt del desgaste. Actúa como la capa inferior que se cose a través de ella, asegurando todas las capas juntas.
- **La estabilidad:** Proporciona una superficie estable para las puntadas de acolchado, que ayudan a mantener las capas unidas y evitan que se deslicen o se agrupen.
- **La elección de diseño:** La tela posterior puede ser una sola pieza o estar confeccionada a partir de varios trozos más pequeños. Mientras que la parte superior de la colcha a menudo presenta diseños y patrones complejos, la parte posterior puede ser más sencilla o tener un patrón, según la preferencia personal.
- **El acabado:** La parte posterior a menudo se hace visible cuando el quilt se da la vuelta o se coloca sobre una superficie, por lo que elegir una tela que complemente o contraste con la parte superior del quilt puede realzar el aspecto general del quilt terminado.

La parte posterior también puede estar hecho de telas diversas. Estas son algunas de las más comunes:

- **El algodón:** Esta es la tela para la parte posterior más común, ofreciendo suavidad, durabilidad y facilidad de cuidado. Está disponible en una amplia gama de colores y estampados.
- **La franela:** La parte posterior con tela de franela es cálida, añadiendo una suavidad adicional al quilt. Es una buena opción para quilts destinados a climas fríos.

- **Minky:** This plush, microfiber fabric is incredibly soft and often used for baby quilts or luxurious lap quilts. It can be more challenging to work with due to its slipperiness.
- **Bamboo:** Bamboo backing is eco-friendly and offers a soft feel. It can add a touch of luxury and is also known for its breathability.
- **Wide-Back Fabrics:** These are specially manufactured wider fabrics that can cover the entire back of a quilt without needing to piece together smaller sections. They can be up to 120" wide, are convenient for large quilts, and reduce the amount of piecing work.

Whatever backing fabric you choose, it's important to choose a fabric that complements the quilt top and is suitable for the intended use of the quilt. The backing can often be a good place to use up fabric scraps or find creative ways to add interest to the quilt's overall design.

BINDING

The binding is the finishing touch that encloses the raw edges of the quilt layers. It creates a clean, polished look, helps protect the edges from fraying, and provides durability. Binding is a crucial step in quilting, both for functionality and aesthetics.

- **El minky:** Esta tela de microfibra, muy suave y esponjosa, se usa a menudo para quilts para bebés o quilts lujosos. Puede ser más difícil de trabajar debido a su textura resbaladiza.
- **El bambú:** La parte posterior con tela de bambú es ecológica y ofrece una sensación suave. Puede añadir un toque de lujo y también es conocida por su transpirabilidad.
- **La tela posterior ancha:** Estas telas especialmente fabricadas son más anchas y pueden cubrir toda la parte posterior de una quilt sin necesidad de unir secciones más pequeñas. Pueden tener hasta 120" de ancho, son convenientes para quilts grandes y reducen la cantidad de trabajo de ensamblaje.

Cualquiera que sea la tela para la parte posterior que elija, es importante elegir una tela que complemente la parte superior del quilt y que sea adecuada para el uso previsto del quilt. La parte posterior puede ser un buen lugar para utilizar restos de tela o encontrar formas creativas de añadir interés al diseño general del quilt.

EL BINDING

El binding es el toque final que envuelve los bordes crudos de las capas de la colcha. Crea un aspecto limpio y pulido, ayuda a proteger los bordes del deshilachado y proporciona durabilidad. El binding es un paso crucial

The final touch—binding neatly frames the quilt, securing the layers and adding a polished edge to your handmade masterpiece.

El toque final—el bies enmarca el quilt con elegancia, asegurando las capas y aportando un borde pulido a tu obra hecha a mano.

Single-fold bias binding offers a clean, lightweight finish—ideal for curved edges and projects where a subtle edge is desired.

El bies de doble sencillo proporciona un acabado limpio y ligero—ideal para bordes curvos y proyectos que requieren un borde discreto.

Binding can be an opportunity to add a contrasting or complementary fabric that enhances the overall design of the quilt. It frames the quilt and can be used to add a final decorative touch of color or pattern.

When choosing your binding fabric, consider whether you want it to match the quilt top, contrast with it, or blend with the backing fabric. It's often a chance to use a fabric that ties together different elements of the quilt.

Because the binding is subjected to a lot of wear and tear, choosing a durable fabric is important. Cotton is commonly used for its strength and ease of use.

You'll also need to decide what type of binding you want to use for your quilt. Here are some of the most common ways to bind your quilt:

- **Single-Fold Binding:** This is the most common type of binding. It's made from a strip of fabric that's folded in half, with one side sewn to the front of the quilt and then folded over to the back and stitched down. This type of binding is simple and quick to apply.
- **Double-Fold Binding:** This method involves folding a strip of fabric in half, then folding the edges in toward the center, creating a finished edge on both sides. It's sewn to the front of the quilt and then folded to the back and stitched down. This method gives a more substantial and uniform finish.
- **Bias Binding:** Made from fabric cut on the bias (diagonal to the grain), this type of binding is more flexible and can be used for quilts with curves or irregular edges. Bias binding can conform more easily to curves and is often used in projects where smooth, continuous curves are needed.

Pre-Washing and Starching Fabrics

For the fabrics that you choose, you'll want to consider whether or not you will pre-wash or starch them. Pre-washing and starching fabrics is a controversial subject in quilting. However, each technique serves a distinct purpose and could impact the final outcome of your quilt. Here is basic information about both processes.

PRE-WASHING

The primary purposes of pre-washing are to prevent shrinking and to remove residue. Fabrics, especially cotton, can shrink after the first wash. Pre-washing helps to shrink the fabric before it's cut, ensuring that your quilt pieces won't distort or pucker after the quilt is assembled and washed.

en el quilting, tanto para la funcionalidad como para la estética.

El binding puede ser una oportunidad para añadir una tela contrastante o complementaria que realce el diseño general del quilt. Enmarca el quilt y puede utilizarse para añadir un toque decorativo y final de color o patrón.

Al elegir la tela para el binding, considere si desea que puede hacer juego con la parte superior del quilt, contrastar con ella o combinar con la tela de la parte posterior. A menudo es una oportunidad para usar una tela que une diferentes elementos del quilt.

Dado que el binding está expuesto a mucho desgaste, es importante elegir una tela duradera. El algodón se utiliza comúnmente por su resistencia y facilidad de uso.

También tendrás que decidir qué tipo de bies (binding) deseas usar para tu quilt. A continuación, te mostramos algunas los tipos mas comunes de bies.

- **El binding de doble sencillo:** Este es el tipo de binding más común. Se hace a partir de una tira de tela que se dobla por la mitad, con un lado cosido al frente de la colcha y luego doblado hacia el reverso y cosido en su lugar. Este tipo de binding es simple y rápido de aplicar.
- **El binding de doble pliegue:** Este método implica doblar una tira de tela por la mitad, luego doblar los bordes hacia el centro, creando un borde terminado en ambos lados. Se cose al frente del quilt y luego se dobla hacia el reverso y se cose en su lugar. Este método proporciona un acabado más sólido y uniforme.
- **Binding en sesgo:** Hecho de tela cortada al sesgo (diagonal al hilo), este tipo de binding es más flexible y se puede utilizar para quilts con curvas o bordes irregulares. El binding en sesgo se ajusta más fácilmente a las curvas y se usa a menudo en proyectos donde se necesitan curvas suaves y continuas.

El prelavado y almidonado de las telas

Dependiendo de las telas que elijas, deberás decidir si las pre-lavas o les aplicas almidón antes de usarlas. El prelavado y el uso de almidón en las telas es un tema controvertido en el quilting. Sin embargo, cada técnica cumple un propósito distinto y puede afectar el resultado final del quilt. Esta es información básica sobre los dos procesos.

EL PRELAVADO DE TELAS

El propositos principales del prelavado son evitar que el quilt se encoja y eliminar los residuos. Las telas, especialmente el algodón, pueden encogerse después del primer lavado. El prelavado ayuda a encoger la tela antes de cortarla, asegurando que las piezas del quilt no se deformen ni se arruguen después de que el quilt esté ensamblado y lavado.

Different starching and ironing products to help you achieve crisp, smooth fabric for precise and professional quilting results.

Diferentes productos para almidonar y planchar, que te ayudarán a obtener telas nítidas y lisas para resultados de quilting precisos y profesionales.

Pre-washing also removes any excess dyes, chemicals, or finishes applied to the fabric during manufacturing. This helps to prevent color bleeding and ensures that the fabric is clean and safe for use.

The benefits of pre-washing are that it ensures consistent sizing and prevents fabric issues. It ensures that all your fabric pieces are pre-shrunk, leading to more accurate measurements and a more predictable final product. Pre-washing also reduces the risk of color bleeding and unexpected fabric changes after the quilt is finished.

STARCHING FABRICS

The primary purposes of starching are to stabilize the fabric and to help with creasing. Starching helps to stiffen the fabric, making it easier to cut and sew accurately. This is particularly useful for precision quilting and intricate piecing. Starch can also help maintain sharp creases and prevent the fabric from shifting during cutting and sewing.

The benefits of starching are better precision and reduced stretch. Starching provides a stiffer feel, which can make it easier to handle and cut fabric accurately, especially for intricate patterns and small pieces. It also helps minimize stretching and distortion, ensuring that fabric pieces remain true to size and shape.

El prelavado también elimina los tintes, químicos o acabados excesivos aplicados a la tela durante la fabricación. Esto ayuda a prevenir la transferencia de color y asegura que la tela esté limpia y sea segura para su uso.

Los beneficios del prelavado son que garantiza un tamaño consistente y evita problemas con la tela. Asegura que todas tus piezas de tela estén pre encogidas, lo que conduce a medidas más precisas y a un producto final más predecible. También reduce el riesgo de sangrado de color y cambios inesperados en la tela después de que la colcha esté terminada.

EL ALMIDONADO DE TELAS

El propositos principales del almidonado son estabilizar la tela y ayudar a reducir las arrugas. El almidonado ayuda a endurecer la tela, facilitando el corte y la costura con precisión. Esto es especialmente útil al crear quilts que requieren mucha precisión y para el ensamblaje de piezas complejas. El almidón también puede ayudar a mantener los pliegues nítidos y evitar que la tela se desplace durante el corte y la costura.

Los beneficios del almidonado son una mejor precisión y una reducción del estiramiento. Proporciona una sensación más rígida, lo que puede facilitar el manejo y el corte preciso de la tela, especialmente para patrones complejos y piezas pequeñas. También ayuda a minimizar el estiramiento y la distorsión, asegurando que las piezas de tela mantengan el tamaño y forma exactos.

Supplies and Notions
Materiales y herramientas de costura

To create a quilt, you'll need a variety of supplies and notions. These tools not only make the process easier but also help ensure that your quilt is well-constructed and durable. Investing in quality tools makes the process more enjoyable and ensures a beautiful, lasting quilt.

Sewing Machine

When it comes to quilting, having the right sewing machine is essential. Quilting requires a machine that can handle multiple layers of fabric, intricate stitching, and long hours of operation. A reliable machine not only enhances your efficiency but also elevates the quality of your work.

While beginners may not require an overly complex model, opting for a high-quality machine with a generous throat space to manage large quilts is essential. Look for features such as adjustable stitch length, a walking foot, and the versatility of free-motion quilting to enhance your quilting experience.

Reputable brands like Singer, Brother, Juki, Bernina, and Janome offer a range of quilting machines tailored to various budgets and skill levels. Selecting a machine with these features will make your quilting experience more enjoyable and productive. A sewing machine performs several essential functions to help with various sewing tasks. Here's a breakdown of its main functions:

- **Stitch Formation:** Creates stitches to join fabric pieces together, such as straight stitches and zigzag stitches. These are fundamental for constructing garments, home decor items, and more.
- **Decorative Stitches:** Offers a variety of stitches like embroidery or appliqué stitches to enhance the appearance of your projects.
- **Seam Creation:** Joins two or more pieces of fabric by sewing them along a seam line. The machine can sew seams of different widths and lengths, which is crucial for constructing garments or other fabric items.
- **Hemming:** Finishes the edges of fabric to prevent fraying and to give garments a clean, professional look.

Para confeccionar un quilt, necesitarás una variedad de materiales y utensilios de costura. Estas herramientas no solo facilitan el proceso, sino que también ayudan a garantizar que tu quilt quede bien construido y sea duradero. Invertir en herramientas de buena calidad hace que el proceso sea más agradable y asegura que tu quilt sea bello y perdurable.

Maquina de coser

A la hora de coser o acolchar, contar con la máquina de coser adecuada es fundamental. El acolchado requiere una máquina que pueda manejar múltiples capas de tela, costuras complejas y largas horas de funcionamiento. Una máquina confiable no sólo mejora su eficiencia sino que también eleva la calidad de su trabajo.

Si bien es posible que los principiantes no necesitan un modelo demasiado complejo, es esencial optar por una máquina de alta calidad con un generoso espacio en la garganta para manejar quilts grandes. Busque características como longitud de puntada ajustable, un pie móvil y la versatilidad del acolchado con movimiento libre para mejorar su experiencia de acolchado.

Marcas de renombre como Singer, Brother, Juki, Bernina y Janome ofrecen una gama de máquinas de acolchar adaptadas a distintos presupuestos y niveles de habilidad. Seleccionar una máquina con estas características hará que su experiencia en la costura o acolchado sea más placentera y productiva. Una máquina de coser realiza varias funciones esenciales para ayudar con diversas tareas de costura. A continuación se muestra un desglose de sus funciones principales:

- **Formación de puntadas:** Crea puntadas para unir piezas de tela, como puntadas rectas y puntadas en zigzag. Son fundamentales para la confección de prendas, artículos de decoración del hogar y más.
- **Puntadas decorativas:** Ofrece una variedad de puntadas como bordado o puntadas de apliqués para mejorar la apariencia de sus proyectos.
- **Creación de costura:** Une dos o más piezas de tela cosidas a lo largo de una línea de costura. La máquina puede coser costuras de diferentes anchos y largos, lo cual es crucial para confeccionar prendas u otros artículos de tela.
- **Dobladillo/bastilla:** Termina los bordes de la tela para evitar que se deshilache y darle a las prendas un aspecto limpio y profesional.

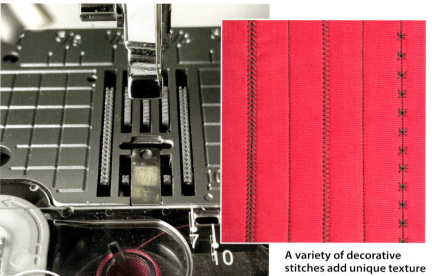

A variety of decorative stitches add unique texture and style, allowing you to personalize and enhance your quilting projects.

Una variedad de puntadas decorativas aporta textura y estilo únicos, permitiéndote personalizar y realzar tus proyectos de quilting.

A neatly finished hem provides durability and a polished look, giving your sewing projects a professional touch.

Un dobladillo/bastilla bien terminado aporta durabilidad y un acabado pulido, dando a tus proyectos de costura un toque profesional.

Feed dogs are the metal teeth under the presser foot that guide the fabric evenly as you sew— essential for smooth, consistent stitching.

Los dientes de arrastre son las piezas metálicas bajo el prensatelas que mueven la tela uniformemente mientras coses—esenciales para una puntada fluida y constante

- **Feed Mechanism:** Feed dogs are a critical component of your sewing machine, responsible for moving the fabric through the machine and ensuring that your stitching is even and consistent. Regular maintenance and proper adjustments are key to keeping them functioning correctly and achieving high-quality sewing results.
- **Presser Feet:** Different presser feet (like walking feet or quilting feet) help handle various fabric types and sewing tasks, such as quilting or sewing on buttons.

TYPES OF SEWING MACHINES

Sewing machines come in various types, each designed to meet specific needs and preferences. Here are the main types of sewing machines:

Computerized Sewing Machines. One significant benefit of computerized sewing machines lies in their user-friendly interface. With a computerized machine, you have access to a wide range of stitch patterns that you can complete. From basic stitches to advanced features—embroidery, quilting, and machine appliqué—you can work on almost any project you set your mind to! Some models even allow you to create your own stitches!

- **Mecanismo de arrastre:** Los dientes de arrastre son un componente crítico de su máquina de coser, responsables de mover la tela a través de la máquina y garantizar que la costura sea uniforme y consistente. El mantenimiento regular y los ajustes adecuados son clave para que sigan funcionando correctamente y logren resultados de costura de alta calidad.
- **Pies prensatelas:** Diferentes pies prensatelas (como pies móviles o pies para acolchar) ayudan a manejar varios tipos de telas y tareas de costura, cómo acolchar o coser botones.

TIPOS DE LAS MÁQUINAS DE COSER

Las máquinas de coser presentan una variedad de tipos, cada una diseñada para cubrir necesidades y preferencias particulares. A continuación, se describen los tipos principales de máquinas de coser.

Máquinas de coser computarizadas. Un beneficio importante de las máquinas de coser computarizadas radica en su interfaz fácil de usar. Con una máquina computarizada, tienes acceso a una amplia gama de patrones de puntadas que puedes completar. Desde puntadas básicas hasta funciones avanzadas (bordado, acolchado y apliqués a máquina), ¡puedes trabajar en

Mechanical sewing machines can be both cost-effective and straightforward.

Las máquinas de coser mecánicas ofrecen una ventaja notable en términos de ahorro de costos y pueden ser más sencillos.

One significant benefit of computerized sewing machines is their user-friendly interface.

Un beneficio importante de las máquinas de coser computarizadas radica en su interfaz fácil de usar.

Mechanical Sewing Machines. One notable benefit of mechanical sewing machines is their cost-effectiveness. For individuals who prefer a straightforward approach without the need to navigate complex technological interfaces, mechanical machines offer a familiar alternative.

The durability of mechanical sewing machines is another standout feature. With proper maintenance, these machines can endure for many years, making them a valuable and enduring investment.

SEWING MACHINE BASICS

Prior to starting a new project, it is essential to show your sewing machine some care by cleaning, oiling, and replacing the sewing needle. Familiarizing yourself with the intricacies of your sewing machine can greatly facilitate the quilt-making process. Let's get familiarized with these sewing machine basics!

Throat Plate. Most sewing machine throat plates are used as guides for seam allowances and sewing straight lines. The plates usually have etched lines and numbers to the right of the presser foot. Each of the lines is a specific size of seam allowance and sewing guide.

Standard Presser Foot. A standard sewing machine foot, also known as a zigzag foot, comes with all sewing machines. It is the most commonly

casi cualquier proyecto que te propongas! ¡Algunos modelos incluso te permiten crear tus propios puntos!

Máquinas de coser mecánicas. Las máquinas de coser mecánicas ofrecen una ventaja notable en términos de ahorro de costos. Para las personas que prefieren un enfoque sencillo sin la necesidad de navegar por complejas interfaces tecnológicas, las máquinas mecánicas ofrecen una alternativa familiar.

La durabilidad de las máquinas de coser mecánicas es otra característica destacada. Con un mantenimiento adecuado, estas máquinas pueden durar muchos años, lo que las convierte en una inversión valiosa y duradera.

CONCEPTOS BÁSICOS DE LA MÁQUINA DE COSER

Antes de comenzar un nuevo proyecto, es fundamental que cuide su máquina de coser limpiando, engrasando y reemplazando la aguja de coser. Familiarizarse con las complejidades de su máquina de coser puede facilitar enormemente el proceso de confección de quilts. ¡Vamos a familiarizarnos con estos conceptos básicos de las máquinas de coser!

Placa de garganta. La mayoría de las placas de garganta de las máquinas de coser se utilizan como guías para los márgenes de costura y para coser líneas rectas. Las placas suelen tener líneas y números grabados a la derecha del prensatelas. Cada una de las líneas tiene un tamaño específico de margen de costura y guía de costura.

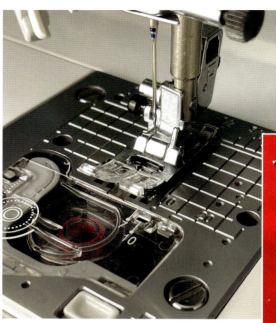

The dual-feed foot, also known as a walking foot, evenly feeds all fabric layers to prevent shifting—ideal for quilting multiple layers with precision.

El prensatelas/pie de máquina de doble arrastre, también llamado prensatelas/pie de máquina caminador, alimenta uniformemente todas las capas de tela para evitar deslizamientos—ideal para quiltar varias capas con precisión.

The standard presser foot holds fabric securely in place, allowing for smooth and even stitching on a variety of sewing projects.

El prensatelas/pie de máquina estándar sostiene la tela firmemente en su lugar, permitiendo costuras suaves y uniformes en una variedad de proyectos de costura.

Various ¼" quilting feet, this foot ensures precise seam allowances—an essential tool for accurate piecing in quilt blocks.

Diferentes prensatelas/pie de máquina de ¼ de pulgada para quilting; este prensatelas garantiza márgenes de costura precisos, una herramienta esencial para unir bloques de quilt con exactitud.

used foot. It has matching "toes" on either side of the needle and a wide opening that allows it to be used for a variety of fabrics and applications. The standard foot can be used for straight and zigzag stitching, as well as some decorative stitches, depending on the machine brand.

¼" Presser Foot. A ¼" sewing machine foot is a presser foot that is used for patchwork that requires a ¼" seam allowance. The ¼" sewing machine foot is a specialty foot that sometimes is included with your sewing machine. It has a small hole in the center to help keep fabric in place for precise straight stitching. This presser foot is recommended to piece all your patchwork blocks.

Walking Foot. A walking foot is an essential foot for machine quilting. Also known as a dual-feed or even-feed foot. The walking foot helps move thick layers together smoothly and helps eliminate fabric shifting.

Darning and/or Free-Motion Foot. It is a specialized sewing machine foot that allows for free-motion quilting, embroidery, and decorative

Pie prensatelas estándar. Un pie para máquina de coser estándar, también conocido como pie para zigzag, viene con todas las máquinas de coser. Es el pie más utilizado. Tiene "dedos" a juego a cada lado de la aguja y una amplia abertura que permite su uso para una variedad de telas y aplicaciones. El pie estándar se puede utilizar para puntadas rectas y en zigzag, así como para algunas puntadas decorativas, según la marca de la máquina.

Pie prensatelas de ¼". Un pie para máquina de coser de ¼" es un prensatelas que se utiliza para patchwork que requiere un margen de costura de ¼". El pie para máquina de coser de ¼" es un pie especial que a veces se incluye con su máquina de coser. Tiene un pequeño orificio en el centro para ayudar a mantener la tela en su lugar para realizar costuras rectas y precisas. Se recomienda este prensatelas para unir todos los bloques de patchwork.

Pie de doble arrastre. Un pie móvil es esencial para acolchar con la máquina. También conocido como pie de alimentación dual o de alimentación uniforme. El pie móvil ayuda a juntar capas gruesas con suavidad y ayuda a eliminar el desplazamiento de la tela.

stitching. Unlike standard presser feet, the darning foot does not press continuously on the fabric, which enables the quilter to move the fabric freely in all directions to create intricate designs and patterns.

Needles

Selecting the needle for your sewing machine is crucial in achieving consistent and flawless stitches. Opt for premium quality needles and replace them for each new project. Your machine's manual will specify the recommended needle size. Needles are categorized into two systems: European and American, with sizes marked accordingly. American needles range from 8 to 19, while European needles range from 60 to 120. Typically, sewing needle

Pie de zurcido y/o de movimiento libre: Es un prensatelas especial para máquinas de coser que permite realizar quilting de movimiento libre, bordado y puntadas decorativas. A diferencia de los prensatelas estándar, el prensatelas de zurcido no presiona de manera continua sobre la tela, lo que permite a la quilter mover la tela libremente en todas direcciones para crear diseños y patrones intrincados.

Agujas

La selección de la aguja para su máquina de coser es crucial para lograr puntadas consistentes e impecables. Es recomendable optar por agujas de primera calidad y sustituirlas para cada nuevo proyecto. El manual de su máquina especificará el tamaño de aguja recomendado. Las agujas se clasifican en dos sistemas: europeo y

A selection of sewing machine needles designed for domestic machines, each suited for different fabric types and sewing techniques to ensure optimal stitching performance.

Una variedad de agujas para máquinas de coser domésticas, diseñadas para diferentes tipos de tela y técnicas de costura, garantizando un rendimiento óptimo en las puntadas.

packages display markings in both systems, such as 90/14.

Always choose a needle size and thread weight that matches your fabric to avoid skipped stitches or broken needles. Before starting your project, test your needle and thread combination on a scrap piece of the fabric to ensure optimal stitch quality.

Thread

The quality of thread can significantly impact the durability and appearance of your sewing projects. When you invest time and effort into creating something, it's frustrating to have it fall apart due to something as seemingly minor as the thread. Here's a breakdown of why thread quality matters and how it can affect your sewing projects.

The two most important reasons to consider thread quality is that high-quality thread has a consistent thickness throughout, reducing the risk of breakage, and it helps ensure smoother stitching and reduces issues with tension and needle breaks.

americano, con los tamaños marcados en consecuencia. Las agujas americanas varían de 8 a 19, mientras que las europeas varían de 60 a 120. Normalmente, los paquetes de agujas de coser muestran marcas en ambos sistemas, como 90/14.

Elija siempre un tamaño de aguja y un peso de hilo que coincida con su tela para evitar saltado de puntadas o agujas rotas. Antes de comenzar su proyecto, pruebe la combinación de aguja e hilo en un retazo de tela para garantizar una calidad de puntada óptima.

Hilo

Por supuesto, la calidad del hilo puede afectar significativamente la durabilidad y apariencia de sus proyectos de costura. Cuando inviertes tiempo y esfuerzo en crear algo, es frustrante que se desmorone debido a algo aparentemente tan pequeño como el hilo. A continuación se desglosa por qué es importante la calidad del hilo y cómo puede afectar sus proyectos de costura.

Las dos razones más importantes para considerar la calidad de los hilos es que los hilos de alta calidad tienen un grosor uniforme en todas partes, lo que reduce el riesgo de rotura y ayuda a garantizar costuras más suaves y reduce los problemas de tensión y roturas de la aguja.

THREAD CHART | TABLA DE HILOS

Fabric Type Tipo de tela	Needle Size Tamano de auja (European/US)	Thread Weight Peso del hilo	Thread Type Tipo de helo	Common Uses Usos comunes
Lawn Fabrics Tela de cesped	70/10–75/11	60–80wt 60 a 80 peso	Cotton, Polyester Algodón, Poliéster	Fine Stitching, Lightweight Blouses, and Summerwear Costuras finas, blusas ligeras y ropa de verano
Quilting Cotton Algodón	75/11–80/12	50–60wt 50 a 60 peso	Cotton, Polyester, 50wt Cotton Algodón, Poliéster, Algodón 50 peso	Quilting, Piecing, and Sewing Blocks Together Acolchar, unir y coser bloques juntos
Cotton Algodón	80/12–90/14	40–50wt 40 a 50 peso	Cotton, Polyester Algodón, Poliéster	Garments, Lightweight Home Décor, General Sewing Prendas de vestir, decoración ligera para el hogar, costura en general
Canvas Lienzo	90/14–100/16	30–40wt 30 a 40 peso	Heavy-Duty Polyester, Upholstry Thread Trabajo pesado poliéster, Hilo de tapicería	Bags, Outdoor Gear, Upholstery, Durable Projects Bolsos, equipo para actividades al aire libre, tapizados, proyectos duraderos
Quilting Layers Acolchado capas	90/14–100/16	40–50wt 40 a 50 peso	Cotton, Polyester, 50wt Cotton Algodón, Poliéster, Algodón 50 peso	Quilting Through Multiple Layers, Dense Quilting Acolchado a través de múltiples capas, acolchado denso

Aurifil 40wt thread offers exceptional strength and smoothness, ideal for both piecing and quilting with precise, durable stitches.

El hilo Aurifil 40wt ofrece una resistencia y suavidad excepcionales, ideal tanto para ensamblar como para acolchar, logrando puntadas precisas y duraderas.

A vibrant selection of 50wt threads in various colors, perfect for detailed quilting and adding beautiful finishing touches to your projects.

Una vibrante selección de hilos 50wt en varios colores, perfectos para acolchados detallados y para dar hermosos acabados a tus proyectos.

CHARACTERISTICS OF COTTON THREAD

Cotton thread is indeed a traditional and popular choice for quilting and piecing, and it has several notable characteristics that make it particularly suited for these tasks. Here's a deeper look into why cotton thread is favored in quilting and piecing, as well as its benefits:

Thread Softness: Cotton is softer and more pliable compared to synthetic threads, making it easier to work with, especially for hand quilting.

Breathability: It allows the fabric to breathe, which is advantageous for projects involving natural fibers.

Matte Finish/Non-Reflective Finish: The matte finish of cotton thread helps it blend seamlessly with fabric, minimizing the visibility of the thread and allowing the focus to remain on the quilt design.

Aesthetic Match: The subtle finish complements the look of most cotton fabrics used in quilting, enhancing the overall appearance.

Heat Tolerance: Cotton thread can withstand high temperatures, making it safe to press with a hot iron without risk of melting or distortion. This

CARACTERÍSTICAS DEL HILO DE ALGODÓN

De hecho, el hilo de algodón es una opción tradicional y popular para acolchar y unir piezas, y tiene varias características notables que lo hacen particularmente adecuado para estas tareas. A continuación se ofrece un análisis más profundo de por qué se prefiere el hilo de algodón para acolchar y unir piezas, así como de sus beneficios:

Suavidad del hilo: El algodón es más suave y flexible en comparación con los hilos sintéticos, lo que facilita el trabajo, especialmente para acolchar a mano.

Transpirabilidad: Permite que el tejido respire, lo cual resulta ventajoso para proyectos que involucran fibras naturales.

Acabado mate/no reflectante: El acabado mate del hilo de algodón ayuda a que se mezcle perfectamente con la tela, minimizando la visibilidad del hilo y permitiendo que la atención se mantenga en el diseño de la colcha.

Combinación estética: El acabado sutil complementa el aspecto de la mayoría de las telas de algodón utilizadas para acolchar, mejorando la apariencia general.

Tolerancia al calor: El hilo de algodón puede soportar altas temperaturas, por lo que es seguro presionar con una plancha caliente sin riesgo de derretirse o

is particularly useful when pressing seams and achieving crisp, flat results.

Strength and Durability: While cotton thread is generally strong enough for piecing and quilting, it is essential to choose high-quality cotton thread to ensure consistent strength and reduce fraying.

Absorption and Fabric Integration: Cotton thread absorbs dye well, which allows it to take on the color of the fabric, ensuring that it blends naturally without standing out.

Thread Weight: Cotton threads come in various weights. For piecing, top stitching, and quilting, medium-weight threads like 40- or 50-weight are commonly used, while finer threads like 60- to 100-weight are used for delicate piecing, appliqué, and foundation paper piecing.

Maintenance: Cotton thread may require more frequent changes or adjustments in your sewing machine compared to synthetic threads, especially in high-speed sewing or when quilting multiple layers.

CHARACTERISTICS OF POLYESTER THREAD

Polyester thread is a synthetic material and is widely used in sewing and crafting due to its durability and performance characteristics. Here's a breakdown of its features:

Strength: Polyester thread is stronger than cotton thread. It has excellent tensile strength, which makes it suitable for sewing fabrics that experience a lot of stress or wear.

Thread Weight: Polyester thread comes in various weights. For piecing, top stitching, and quilting, medium-weight threads 35- to 60-weight

distorsionarse. Esto es particularmente útil para planchar costuras y lograr resultados nítidos y planos.

Resistencia y durabilidad: Si bien el hilo de algodón generalmente es lo suficientemente fuerte para unir piezas y acolchar, es esencial elegir hilo de algodón de alta calidad para garantizar una resistencia constante y reducir el deshilachado.

Absorción e integración en la tela: El hilo de algodón absorbe bien el tinte, lo que le permite tomar el color de la tela, asegurando que se mezcle naturalmente sin sobresalir.

Peso del hilo: Los hilos de algodón vienen en varios pesos. Para piezas, costuras superiores y acolchados, se usan comúnmente hilos de peso medio como 40 o 50, mientras que hilos más finos como 60 a 100 se usan para piezas delicadas, apliqués y piezas de papel base.

Mantenimiento: El hilo de algodón puede requerir cambios o ajustes más frecuentes en su máquina de coser en comparación con los hilos sintéticos, especialmente en costura de alta velocidad o al acolchar varias capas.

CARACTERÍSTICAS DEL HILO DE POLIÉSTER

El hilo de poliéster es de hecho un material sintético y se usa ampliamente en costura y manualidades debido a su durabilidad y características de rendimiento. Aquí hay un desglose de sus características:

Resistencia: El hilo de poliéster es más fuerte que el hilo de algodón. Tiene una excelente resistencia a la tracción, lo que lo hace adecuado para coser tejidos que experimentan mucha tensión o desgaste.

Peso del hilo: El hilo de poliéster viene en varios pesos. Para unir piezas, costura superior, y acolchado, se utilizan comúnmente hilos de peso medio de 35 a 60,

Polyester thread offers strong, durable stitching with excellent colorfastness—ideal for a wide range of quilting projects.

El hilo de poliéster ofrece costuras fuertes y duraderas con excelente resistencia al color—ideal para una amplia variedad de proyectos de quilting.

40wt thread is perfect for quilting and piecing, offering a balanced thickness that ensures durable and visible stitches.

El hilo 40wt es ideal para acolchar y ensamblar, ofreciendo un grosor equilibrado que garantiza puntadas duraderas y visibles.

Invisafil thread is an invisible, lightweight option perfect for quilting and appliqué, providing discreet yet strong stitches.

El hilo Invisafil es una opción invisible y ligera, perfecta para acolchar y aplicación, ofreciendo puntadas discretas pero resistentes.

Metallic thread adds a touch of shimmer and elegance to your quilting and embroidery projects, ideal for decorative stitching and special accents.

El hilo metálico añade un toque de brillo y elegancia a tus proyectos de quilting y bordado, ideal para puntadas decorativas y detalles especiales.

are commonly used, while finer threads 70- to 100-weight are used for delicate piecing, appliqué, and foundation paper piecing.

Shrinkage: Polyester thread is resistant to shrinking. Unlike natural fibers like cotton, polyester maintains its shape and size even after washing, which helps in maintaining the integrity of sewn projects.

Finish: Polyester thread typically has a shiny finish, which can give a polished look to your sewing projects. This shine can also enhance the appearance of the stitches on the fabric.

CHARACTERISTICS OF COTTONIZED POLYESTER THREAD

Cottonized polyester thread is a versatile sewing thread that combines the strength and durability of polyester with a soft, cotton-like finish. This thread is specially treated to mimic the appearance and feel of natural cotton while retaining the performance advantages of synthetic fibers.

Matte Finish: The treatment process removes the natural shine of polyester, giving the thread a matte finish. This makes it less visible in the fabric, allowing it to blend seamlessly, much like cotton thread.

Stable Sewing: The absence of stretch in cottonized polyester thread makes it more stable and predictable when sewing. This is particularly beneficial for achieving precise stitching and maintaining consistent tension.

Machine Friendly: It feeds smoothly through sewing machines and sergers without the risk of

mientras que los hilos más finos de 70 a 100 se utilizan para piezas delicadas, apliqués y fundación en papel.

Contracción: El hilo de poliéster es resistente al encogimiento. A diferencia de las fibras naturales como el algodón, el poliéster mantiene su forma y tamaño incluso después del lavado, lo que ayuda a mantener la integridad de los proyectos cosidos.

Acabado: El hilo de poliéster suele tener un acabado brillante, lo que puede dar un aspecto pulido a tus proyectos de costura. Este brillo también puede mejorar la apariencia de las puntadas de la tela. En general, el hilo de poliéster es una opción versátil para diversas aplicaciones de costura debido a estas propiedades.

CARACTERÍSTICAS DEL HILO DE POLIÉSTER ALGODONIZADO

El hilo de poliéster algodonizado es un hilo de coser versátil que combina la resistencia y durabilidad del poliéster con un acabado suave y similar al algodón. Este hilo ha sido especialmente tratado para imitar el aspecto y la sensación del algodón natural, mientras conserva las ventajas de rendimiento de las fibras sintéticas.

Acabado mate: El proceso de tratamiento elimina el brillo natural del poliéster, dándole al hilo un acabado mate. Esto lo hace menos visible en la tela, lo que le permite mezclarse perfectamente, como el hilo de algodón.

Costura estable: La ausencia de elasticidad en el hilo de poliéster algodonado lo hace más estable y predecible al coser. Esto es particularmente beneficioso para lograr costuras precisas y mantener una tensión constante.

Apto para máquinas: Avanza suavemente a través de máquinas de coser y remalladora sin riesgo de estirarse

stretching or distorting, leading to cleaner and more accurate stitches.

Strength and Durability: Polyester is inherently strong and durable, making this thread suitable for high-stress areas of a project. It's especially useful for quilting and piecing where strength is important.

Bobbin Use: Its strength also means it can be used effectively as bobbin thread, providing support without being visible on the front side of the fabric.

Reduced Bulk: Being lightweight, cottonized polyester thread does not add bulk to your stitching. This is beneficial for maintaining a sleek and soft finish on the fabric, allowing for more refined and intricate designs.

CHOOSING THREAD COLOR

Incorporating the following considerations into your thread color choices will help you achieve the desired aesthetic effect in your quilting and sewing projects.

Test Swatches: Always test your chosen thread color on a small swatch of fabric before starting on your main project to ensure the color works as expected.

Consider Thread Finish: The finish of the thread (matte vs. glossy) can also affect how the color appears. Matte threads blend more subtly, while glossy threads can create a bit of shine and highlight stitching.

Solid Colors Fabrics: For solid fabrics, selecting a thread that matches or closely blends with the fabric color will create a seamless look. This

o distorsionarse, lo que produce puntadas más limpias y precisas.

Resistencia y durabilidad: El poliéster es intrínsecamente fuerte y duradero, lo que hace que este hilo sea adecuado para áreas de alto estrés de un proyecto. Es especialmente útil para acolchar y unir piezas donde la resistencia es importante.

Uso en bobina: Su resistencia también significa que se puede utilizar eficazmente como hilo de bobina, brindando soporte sin ser visible en la parte frontal de la tela.

Volumen reducido: Al ser liviano, el hilo de poliéster algodonizado no agrega volumen a las costuras. Esto es beneficioso para mantener un acabado elegante y suave en la tela, lo que permite diseños más refinados y complejos.

ELIGIENDO EL COLOR DEL HILO

Incorporar estas consideraciones en la elección del color del hilo ayudará a lograr el efecto estético deseado en de proyectos de acolchado y costura.

Muestras de prueba: Siempre pruebe el color de hilo elegido en una pequeña muestra de tela antes de comenzar con su proyecto principal para asegurarse de que el color funcione como se esperaba.

Considere el acabado del hilo: El acabado del hilo (mate o brillante) también puede afectar la apariencia del color. Los hilos mate se mezclan más sutilmente, mientras que los hilos brillantes pueden crear un poco de brillo y resaltar las costuras.

Telas de colores sólidos: Para telas sólidas, seleccionar un hilo que combine o combine estrechamente con el color de la tela creará una apariencia perfecta. Esta técnica oculta el hilo, permitiendo que se destaque el color y el patrón de

Using thread that matches your fabric color creates seamless stitching, allowing your design and craftsmanship to take center stage.

Usar hilo del mismo color que la tela permite puntadas discretas y uniformes, destacando el diseño y la calidad de la confección.

Neutral threads and fabrics provide a timeless, versatile foundation— perfect for blending, balancing bold designs, or achieving a classic, minimalist look.

Los hilos y telas en tonos neutros ofrecen una base atemporal y versátil— perfecta para equilibrar diseños llamativos, crear combinaciones sutiles o lograr un estilo clásico y minimalista.

Contrasting thread and fabric colors add bold visual interest, highlighting every stitch and enhancing the artistic detail of your quilting.

El contraste entre el hilo y la tela aporta un impacto visual audaz, resaltando cada puntada y realzando los detalles artísticos de tu quilt.

technique hides the thread, allowing the fabric's color and pattern to stand out. For a pink quilt, use a pink thread. For a light gray fabric, a light gray thread will be almost invisible.

Neutral Color Thread: Neutral colors like gray, tan, white, or black are incredibly versatile and can work well with a wide range of fabric colors and patterns. A medium gray thread can blend with a variety of fabrics without clashing, making it a good choice for piecing together fabrics of different colors. White and black are useful for fabrics in contrasting colors or when a strong visual definition is needed.

Multiple Print Fabrics: When working with fabrics that have a variety of colors or patterns, variegated thread will blend and help tie the different colors together.

Scrappy Quilts: Variegated thread works particularly well in scrappy quilts where a mix of different fabrics is used. The shifting colors of the thread can add a cohesive element to the varied fabric pieces.

High Contrast: For a more pronounced stitching effect, choose a thread color that contrasts with your fabric. This can be effective for decorative stitching or when you want the thread to stand out. A dark blue thread on a light blue fabric can create a striking effect.

Tone-on-Tone: For a more subtle effect, choose a thread that is a slightly different shade than

la tela. Para un quilt rosa, utiliza un hilo rosa. Para una tela gris claro, un hilo gris claro será casi invisible.

Trapos de colores neutros: Los colores neutros como el gris, el tostado, el blanco o el negro son increíblemente versátiles y pueden combinar bien con una amplia gama de colores y patrones de telas. Un hilo gris medio puede combinarse con una variedad de telas sin chocar, lo que lo convierte en una buena opción para unir telas de diferentes colores. El blanco y negro son útiles para telas en colores contrastantes o cuando se necesita una fuerte definición visual.

Telas con estampados múltiples: Cuando se trabaja con telas que tienen una variedad de colores o patrones, el hilo abigarrado se mezclará y ayudará a unir los diferentes colores.

Quilt de retazos: El hilo abigarrado funciona particularmente bien en edredones rasgados donde se utiliza una mezcla de diferentes telas. Los colores cambiantes del hilo pueden agregar un elemento cohesivo a las variadas piezas de tela.

Alto contraste: Para obtener un efecto de costura más pronunciado, elija un color de hilo que contraste con la tela. Esto puede resultar eficaz para costuras decorativas o cuando desee que el hilo se destaque. Un hilo azul oscuro sobre una tela azul claro puede crear un efecto llamativo.

Tono sobre tono: Para un efecto más sutil, elija un hilo que sea de un tono ligeramente diferente al de la tela pero dentro de la misma familia de colores. Esta técnica funciona bien para diseños de acolchados complejos en

the fabric but within the same color family. This technique works well for intricate quilting designs where you want the thread to blend but still be visible up close.

Monochromatic Schemes: Using a thread color in varying shades of the same color as the fabric can add depth and dimension to your project without introducing contrasting colors.

Cutting Tools

Cutting tools for quilting are essential for achieving precise fabric pieces and making the quilting process smoother. Here's a rundown of the most common tools used:

Rotary Cutter: This is a circular blade that rolls along a ruler or template to cut fabric. It's highly efficient for making straight cuts and is ideal for cutting multiple layers of fabric. Rotary cutters come in various sizes (typically 28mm, 45mm, and 60mm), with larger sizes suitable for cutting wider pieces.

Cutting Mat: A self-healing mat that protects your work surface and prolongs the life of your rotary cutter blades. It usually has grid lines and measurements to help with accurate cutting.

los que desea que el hilo se mezcle pero aún sea visible de cerca.

Esquemas monocromáticos: Usar un color de hilo en diferentes tonos del mismo color que la tela puede agregar profundidad y dimensión a su proyecto sin introducir colores contrastantes.

Herramientas de corte

Las herramientas de corte para quilting son esenciales para lograr piezas de tela precisas y hacer que el proceso de quilting sea más fluido. Aquí tienes un resumen de las herramientas más comunes utilizadas:

Cortador rotatorio: Este es un cortador con una cuchilla circular que gira sobre una regla o plantilla para cortar la tela. Es altamente eficiente para realizar cortes rectos y es ideal para cortar múltiples capas de tela. Los cortadores rotatorios vienen en varios tamaños (generalmente 28mm, 45mm y 60mm), siendo los tamaños mayores adecuados para cortar piezas más amplias.

Tapete de corte: Es un tapete auto-reparable que protege tu superficie de trabajo y prolonga la vida útil de las cuchillas del cortador rotatorio. Generalmente tiene líneas de cuadrícula y medidas para ayudar con cortes precisos.

Rotary cutters come in various sizes and are ideal for cutting multiple layers of fabric.

Los cortadores rotatorios vienen en varios tamaños y son ideales para cortar múltiples capas de tela.

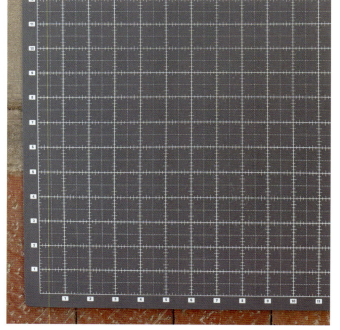

Cutting mats protect your work surface and prolong the life of your rotary cutter blades.

Los tapetes de corte protegen la superficie de trabajo y prolongan la vida de las cuchillas del cortador rotatorio.

Pinking shears are used for finishing edges, especially on fabrics that tend to unravel.

Las tijeras de zigzag se utilizan para terminar los bordes, especialmente en telas que tienden a deshilacharse.

Thread snips are small, portable, and handy for trimming threads.

Las tijeras corta-hilos son pequeñas, portátiles y prácticas para cortar los hilos.

Fabric cutters are especially useful for large projects or for those who do a lot of applique work.

Los cortadores de tela son especialmente útiles para proyectos grandes o para quienes realizan mucho trabajo de aplicación.

Fabric Scissors: Sharp, high-quality scissors designed specifically for fabric cutting. They come in various types, including general-purpose scissors and more specialized ones like appliqué or embroidery scissors.

Pinking Shears: These have a zigzag blade that cuts fabric with a serrated edge to help prevent fraying. They're useful for finishing edges, especially on fabrics that tend to unravel.

Fabric Cutters: Some quilters use electronic fabric cutters, which can cut intricate shapes and patterns with precision. These are especially useful for large projects or for those who do a lot of appliqué work.

Thread Snips: Small, spring-loaded scissors that are great for trimming threads and small fabric bits. They're handy for quick snips without needing to reach for larger scissors.

Tijeras para tela: Tijeras afiladas y de alta calidad diseñadas específicamente para cortar tela. Vienen en varios tipos, incluyendo tijeras de uso general y otras más especializadas, como tijeras para aplicaciones o bordados.

Tijeras de zigzag: Estas tienen una hoja en forma de zigzag que corta la tela con un borde serrado para ayudar a prevenir el deshilachado. Son útiles para terminar los bordes, especialmente en telas que tienden a deshilacharse.

Cortadoras de tela: Algunos quilters utilizan cortadores electrónicos de tela, que pueden cortar formas y patrones intrincados con precisión. Estas son especialmente útiles para proyectos grandes o para quienes hacen mucho trabajo de aplicación.

Corta-hilos: Tijeras pequeñas con resorte, ideales para cortar hilos y pequeños trozos de tela. Son prácticas para cortes rápidos sin necesidad de usar tijeras más grandes.

Basic Quilting Rulers

Having a selection of the basic quilting rulers will help you achieve accurate cuts and precise piecing in your quilting projects. With any ruler that you use, it's always a good idea to ensure that they are precise and have clear, accurate markings. A ruler with misaligned markings can lead to cutting errors.

The majority of quilting rulers are constructed from clear acrylic, offering resilience and excellent visibility for precise measurements. Measurements are typically featured in inches and centimeters, with precise demarcations at ⅛", ¼", ½", and 1". intervals. Many rulers incorporate non-slip grips or coatings to enhance stability during cutting tasks. Provision of lines denoting 30-, 45-, and 60-degree angles facilitates the cutting of triangles and various geometric shapes.

As you gain experience, you might find additional specialized rulers that suit your specific quilting needs, but these essential rulers are a great start for any beginner.

Reglas básicas para el quilting

Tener una selección de estas reglas básicas para acolchar le ayudará a lograr cortes precisos y uniones precisas en sus proyectos de acolchar. Con cualquier regla que use, asegúrese de que sus reglas sean precisas y tengan marcas claras y precisas. Una regla con marcas desalineadas puede provocar errores de corte.

La mayoría de las reglas para acolchar están fabricadas con acrílico transparente, lo que ofrece resistencia y excelente visibilidad para realizar mediciones precisas. Indicadores de medición normalmente aparecen en pulgadas y centímetros, con demarcaciones precisas en intervalos de ⅛", ¼", ½" y 1". Muchas reglas incorporan agarres o revestimientos antideslizantes para mejorar la estabilidad durante las tareas de corte. La provisión de líneas que indican ángulos de 30, 45 y 60 grados facilita el corte de triángulos y varias formas geométricas.

A medida que adquieras experiencia, es posible que encuentres reglas especializadas adicionales que se adapten a tus necesidades específicas de acolchado, pero estas reglas esenciales son un excelente comienzo para cualquier principiante.

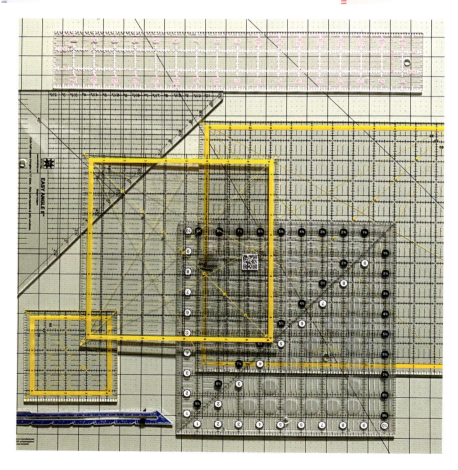

Specialized quilting rulers offering precise measurement, accurate angle marking, and consistent cutting guides to enhance accuracy and efficiency in quilt construction.

Reglas especializadas para quilting que ofrecen medición precisa, marcado exacto de ángulos y guías consistentes de corte para mejorar la precisión y eficiencia en la confección de quilts.

Square-Up Ruler: Essential for trimming and squaring up blocks, especially in patchwork. Typically square in shape, available in various sizes like 6½" x 6½", 9½" x 9½", or larger. Ensures that your quilt blocks are perfectly square and accurate, which is crucial for precise piecing.

Long Ruler (18"–24" long): Ideal for cutting long strips and larger pieces of fabric. Rectangular, usually with markings for different widths, often used in conjunction with a rotary cutter. Provides stability and accuracy when cutting long strips, which is helpful for sashing, borders, and wide cuts.

Smaller Ruler for Trimming Up (4½" x 12½"): Used for precise trimming and small-scale cutting tasks. Perfect for trimming small blocks, corners, and seams, making it a handy tool for detailed work.

Tools for Pressing

Pressing is an essential step in quilting that helps set seams, flatten blocks, and give your quilt a polished, professional finish. Using the right pressing tools ensures accuracy and prevents distortion in your quilt top.

Iron: Use a steam iron with adjustable temperature settings. For quilting, a medium to high heat setting is usually appropriate. Ensure the iron's soleplate is clean to avoid transferring any residue to your fabric.

Regla para escuadrar: Esencial para recortar y cuadrar bloques, especialmente en patchwork. Generalmente de forma cuadrada, disponible en varios tamaños, como 6½" x 6½", 9½" x 9½", o más grandes. Garantiza que los bloques de su patchwork sean perfectamente cuadrados y precisos, lo cual es crucial para un empalme preciso.

Regla larga (18" a 24" de largo): Ideal para cortar tiras largas y trozos de tela más grandes. Rectangular, generalmente con marcas para diferentes anchos, a menudo se usa junto con un cortador giratorio. Proporciona estabilidad y precisión al cortar tiras largas, lo que resulta útil para marcos, bordes y cortes anchos.

Regla más pequeña para recortar (4½" x 12½"): Se utiliza para recortar con precisión y realizar tareas de corte a pequeña escala. Perfecto para recortar pequeños bloques, esquinas y uniones, lo que lo convierte en una herramienta útil para trabajos detallados.

Herramientas para planchar

Planchar es un paso esencial en el acolchado, ya que ayuda a asentar las costuras, aplanar los bloques y darle a tu quilt un acabado pulido y profesional. Utilizar las herramientas de planchado adecuadas garantiza precisión y evita la distorsión en la parte superior del quilt.

Plancha: Utiliza una plancha a vapor con ajustes de temperatura regulables. Para el quilting, generalmente es apropiado un ajuste de temperatura medio a alto.

An essential tool for quilters, the ironing board provides a sturdy, flat surface to press fabric and seams with ease and precision.

Various iron sizes designed to provide optimal heat control and maneuverability for pressing fabrics of all shapes and quilting projects.

Diversos tamaños de planchas diseñados para ofrecer un control óptimo de la temperatura y maniobrabilidad al planchar telas de todas las formas y proyectos de quilting.

Una herramienta esencial para quilters, la mesa de planchar ofrece una superficie firme y plana para prensar telas y costuras con facilidad y precisión.

Sheer Press Cloth
Paño de Planchar Transparente

100% Silk Organza
Organza de Seda

22 in x 30 in (55.88 cm x 76.2 cm)   1 ct

A pressing cloth protects delicate fabrics from direct heat, preventing shine, scorch marks, and damage during ironing.

Una tela proctetoda para planchar protege las telas delicadas del calor directo, evitando brillos, quemaduras y daños durante el planchado.

Ironing clappers help set seams by applying pressure and heat, resulting in sharp, flat edges for professional quilting finishes.

Los clappers para planchar ayudan a asentar las costuras aplicando presión y calor, logrando bordes definidos y planos para acabados profesionales en quilting.

A wool pressing mat retains heat and moisture, providing efficient, even pressing for crisp seams and professional quilt finishing.

Una alfombra para planchar de lana retiene el calor y la humedad, proporcionando un planchado eficiente y uniforme para costuras nítidas y acabados profesionales en quilts.

Ironing Board: A standard ironing board provides a suitable surface for pressing fabric and quilt pieces.

Pressing Mat: For small projects or precise pressing, a portable pressing mat can be used. These mats often have grid lines to help with alignment.

Iron Clapper: An iron clapper helps set seams and ensure that they lie flat. After pressing a seam open with an iron, placing the clapper on the seam while it's still warm helps to further flatten and set the fabric. This technique improves the accuracy and neatness of pieced quilt blocks. Also, the clapper aids in creating sharp, crisp edges for quilt pieces and blocks. This is particularly useful for achieving precise points and straight edges, which are crucial in quilt construction.

Pressing Cloth: Use a pressing cloth or a clean cotton fabric between the iron and your quilt fabric, especially if you're working with delicate or specialty fabrics. This protects the fabric from direct heat and prevents shine or scorching.

Asegurarse de que la suela de la plancha esté limpia para evitar transferir residuos a la tela.

Mesa de planchar: Una mesa de planchar estándar proporciona una superficie adecuada para planchar telas y piezas de colcha. Asegúrate de que esté bien acolchada y a una altura cómoda para trabajar.

Alfombra para planchar: Para proyectos pequeños o planchado preciso, puedes usar una alfombrilla de planchar portátil. Estas alfombras a menudo tienen líneas cuadriculadas que ayudan con la alineación y facilitan el trabajo con piezas más pequeñas.

Clapper de planchar: Una clapper de planchar ayuda a fijar las costuras y asegurar que queden planas. Después de planchar una costura abierta con la plancha, colocar el clapper sobre la costura mientras aún está caliente ayuda a aplanar y fijar aún más la tela. Esta técnica mejora la precisión y la pulcritud de los bloques del quilt ensamblados. Además, el clapper contribuye a crear bordes nítidos y definidos para las piezas y bloques del quilt, lo cual es especialmente útil para lograr puntos precisos y bordes rectos, cruciales en la construcción de colchas.

Tela protectora para planchar: Usar una tela protectora para planchar o un paño de algodón limpio entre la plancha y la tela del quilt, especialmente si trabajas con telas delicadas o especiales. Esto protege la tela del calor.

Tools for Finishing

Finishing a quilt involves securing all the layers, adding binding, and ensuring that your project is both functional and beautiful. The right finishing tools make this process easier and help you achieve a neat, professional result.

Tying Needles, Yarn, and Floss: When it comes to finishing a quilt or adding decorative touches, tying needles, yarn, and floss are essential tools that help secure your stitches and enhance the quilt's appearance. Choosing the right needle, yarn, or floss for tying and finishing your quilt ensures secure stitches and adds an artistic touch. Whether you want subtle strength or decorative flair, these tools help complete your quilting projects with style and durability.

Quilting Frame or Hoop: A quilting frame or hoop is an essential tool for hand quilting; it's designed to hold your quilt layers taut and stable while you sew. Using a frame or hoop helps maintain even tension in your stitches and reduces fabric shifting, which is crucial for achieving precise, consistent quilting.

Herramientas para terninar un quilt

Terminar un quilt implica asegurar todas las capas, agregar el borde (binding) y garantizar que tu proyecto sea funcional y hermoso. Las herramientas adecuadas para el acabado hacen que este proceso sea más fácil y te ayudan a lograr un resultado limpio y profesional.

Agujas para anudar, hilo grueso (yarn) y hilo de bordar (floss): Cuando se trata de terminar un quilt o añadir detalles decorativos, las agujas para anudar, el hilo grueso (yarn) y el hilo de bordar (floss) son herramientas esenciales que ayudan a asegurar tus puntadas y realzan la apariencia del quilt. Elegir la aguja, el hilo grueso o el hilo de bordar adecuados para anudar y terminar tu quilt garantiza puntadas seguras y añade un toque artístico. Ya sea que busques una resistencia sutil o un detalle decorativo llamativo, estas herramientas te ayudan a completar tus proyectos de quilting con estilo y durabilidad.

Un bastidor o aro para acolchado: Es una herramienta esencial para el acolchado a mano; diseñada para mantener las capas de tu quilt tensas y estables mientras coses. Usar un bastidor o aro ayuda a mantener

Tying thread and yarn secure quilt layers together, adding texture and a handcrafted touch to your finished piece.

El hilo y la lana para atar aseguran las capas del quilt, agregando textura y un toque artesanal a tu proyecto terminado.

Quilting needles are specially designed for hand and machine quilting, featuring sharp points and strong shafts to glide smoothly through multiple fabric layers.

Las agujas para quilting están diseñadas especialmente para quilting a mano y a máquina, con puntas afiladas y cañas resistentes que facilitan el paso a través de varias capas de tela.

A quilting hoop holds fabric taut, providing stability and control for precise hand quilting stitches.

Un aro para quilting mantiene la tela tensa, brindando estabilidad y control para puntadas precisas en quilting a mano.

Thimble: It is a small but indispensable tool for anyone who hand sews or quilts. A thimble protects your finger from needle pricks and provides the necessary push to drive the needle through layers of fabric and batting, making sewing easier and safer. It is a powerful tool that enhances both the comfort and efficiency of hand sewing and quilting. It protects your fingers, helps you sew through multiple layers, and allows you to enjoy your craft without discomfort.

Quilting Gloves: These are specialized gloves designed to enhance your grip and control while hand quilting or machine quilting. These gloves provide extra traction, making it easier to maneuver fabric layers smoothly and precisely under the needle. Whether you're working on intricate hand stitches or guiding a bulky quilt through a sewing machine, quilting gloves reduce hand fatigue and improve accuracy, helping you achieve beautiful, even stitches every time.

Chalk Marker: It is an essential tool for quilters used to make temporary markings on fabric. These markers allow you to draw guidelines, patterns, or placement lines that help ensure precision in cutting, piecing, and quilting. Unlike traditional chalk, chalk markers provide fine, clean lines that are easy to see and usually vanish with a gentle wash or light friction. They are perfect for marking quilting designs, seam allowances, or alignment

una tensión uniforme en las puntadas y reduce el desplazamiento de la tela, lo cual es crucial para lograr un acolchado preciso y consistente.

Dedal: Es una herramienta pequeña pero indispensable para cualquiera que cosa a mano o realice acolchado. Protege tu dedo de las pinchaduras de la aguja y proporciona el empuje necesario para pasar la aguja a través de las capas de tela y guata, haciendo que coser sea más fácil y seguro. Es una herramienta poderosa que mejora tanto la comodidad como la eficiencia al coser y acolchar a mano. Protege tus dedos, te ayuda a coser a través de múltiples capas y te permite disfrutar de tu arte sin molestias.

Guantes para acolchado: Son guantes especializados diseñados para mejorar tu agarre y control mientras acolchas a mano o a máquina. Estos guantes ofrecen una tracción extra, facilitando el manejo suave y preciso de las capas de tela bajo la aguja. Ya sea que estés trabajando en puntadas delicadas a mano o guiando un quilt voluminoso a través de la máquina de coser, los guantes para acolchado reducen la fatiga en las manos y mejoran la precisión, ayudándote a lograr puntadas hermosas y uniformes en cada ocasión.

Marcador de tiza: Es una herramienta esencial para los quilters que se usa para hacer marcas temporales en la tela. Estos marcadores te permiten dibujar guías, patrones o líneas de colocación que ayudan a garantizar precisión al cortar, unir piezas y acolchar. A diferencia de la tiza tradicional, los marcadores de tiza

A thimble protects your finger while hand sewing, allowing for comfortable and safe stitching.

El dedal protege tu dedo durante la costura a mano, permitiendo puntadas cómodas y seguras.

Quilting gloves provide grip and protect your hands, making it easier to guide fabric smoothly through the sewing process.

Los guantes para quilting ofrecen mejor agarre y protegen tus manos, facilitando el manejo suave de la tela durante la costura.

points without damaging or permanently altering the fabric.

Pins: Pins are one of the most fundamental tools in quilting, essential for holding fabric pieces together during cutting, piecing, and sewing. They help keep layers aligned and prevent shifting, ensuring your quilt blocks come together accurately. Quilters use a variety of pins designed specifically for different fabrics and tasks—some are fine and sharp for delicate fabrics, while others are sturdier for heavier materials. Using the right pins makes the quilting process smoother and helps achieve precise, professional results.

Acid-Free Tissue Paper: It is a vital supply in quilting, especially for storing, pressing, and transporting delicate fabric pieces. Unlike regular tissue paper, acid-free tissue paper does not contain harmful acids that can cause fabric to yellow, weaken, or deteriorate over time. Quilters use it to protect fabrics from creases and damage, to stabilize fabric layers during pressing, and to separate quilt pieces for safe storage. This archival-quality tissue helps preserve the beauty and integrity of your fabrics throughout your quilting projects.

proporcionan líneas finas y limpias que son fáciles de ver y generalmente desaparecen con un lavado suave o una ligera fricción. Son perfectos para marcar diseños de acolchado, márgenes de costura o puntos de alineación sin dañar ni alterar permanentemente la tela.

Alfileres: Son una de las herramientas más fundamentales en el acolchado, esenciales para sujetar las piezas de tela durante el corte, la unión y la costura. Ayudan a mantener las capas alineadas y evitan que se deslicen, asegurando que los bloques de tu quilt encajen con precisión. Los quilters utilizan una variedad de alfileres diseñados específicamente para diferentes tipos de tela y tareas; algunos son finos y afilados para telas delicadas, mientras que otros son más resistentes para materiales más gruesos. Usar los alfileres adecuados hace que el proceso de acolchado sea más fluido y ayuda a lograr resultados precisos y profesionales.

Papel de seda libre de ácido: Es un suministro vital en el quilting, especialmente para almacenar, planchar y transportar piezas de tela delicadas. A diferencia del papel de seda común, el papel de seda libre de ácido no contiene ácidos dañinos que puedan hacer que la tela se amarillee, debilite o deteriore con el tiempo. Los quilters lo utilizan para proteger las telas de arrugas y daños, para estabilizar las capas de tela durante el planchado y para separar las piezas del quilt para un almacenamiento seguro. Este papel de calidad archivística ayuda a preservar la belleza e integridad de tus telas a lo largo de tus proyectos de quilting.

Tips and Techniques for Pressing and Sewing
Conejos y técnicas para planchar y coser

In this section, we will go over all the basic terminology and techniques that you will need to create your first quilting projects. We'll cover everything from the difference between pressing and ironing to making quilt blocks to caring for your finished work.

Pressing Techniques for Quilting

Pressing is a vital step in quilting that contributes to the overall appearance and quality of your finished quilt. By understanding and applying proper pressing techniques, you can ensure crisp seams, accurate block alignment, and a professionally finished quilt top.

Pressing involves lifting the iron and pressing it down on the fabric without moving it back and forth. It helps to set seams, flatten fabric, and shape blocks or pieces. Pressing is essential in quilting to ensure precise seams and a smooth quilt top.

In contrast, ironing involves moving the iron back and forth over the fabric. It is generally used for removing wrinkles and smoothing out fabric before cutting or sewing.

Here are some general tips for using your iron:
- **Steam Setting:** Utilize the steam function on your iron to help ease stubborn wrinkles and create a crisp press. A spray bottle with water can also be used for additional moisture when needed.
- **Low Heat:** For dark fabrics or those prone to shine, use a lower heat setting and a pressing cloth to prevent a glossy finish.

PRESSING SEAMS

Pressing seam allowances each time you sew blocks together is essential, so mastering proper technique is important. Additionally, pressing your fabric before cutting and throughout the quilting process helps ensure accuracy. In this section, we'll guide you through effective methods to complete these crucial yet often overlooked tasks.

Open Seams: After sewing two pieces of fabric together, press the seam allowances open. This method helps to reduce bulk, especially important in quilt blocks where precise alignment is crucial.

To One Side: Alternatively, you can press the seam allowances to one side (or toward the darker

En esta sección, hablaremos de toda la terminología y las técnicas básicas que necesitarás para crear tus primeros proyectos de quilting. Cubriremos todo, desde la diferencia entre prensar y planchar, hasta cómo hacer bloques de quilt y cómo cuidar tu trabajo terminado.

Las técnicas de planchado para quilting

El planchado es un paso vital en el quilting que contribuye a la apariencia general y a la calidad de tu quilt terminado. Al entender y aplicar técnicas de planchado adecuadas, puedes asegurar costuras nítidas, una alineación precisa de los bloques y que la parte superior del quilt quede con un acabado profesional.

El planchado implica levantar la plancha y presionarla hacia abajo sobre la tela sin moverla de un lado a otro. Ayuda a fijar las costuras, aplanar la tela y dar forma a bloques o piezas. El planchado es esencial en el acolchado para asegurar costuras precisas y una superficie del quilt suave.

En contraste, planchar implica mover la plancha de un lado a otro sobre la tela. Se utiliza principalmente para eliminar arrugas y suavizar la tela antes de cortarla o coserla.

A continuación se ofrecen algunos consejos generales para el uso de la plancha:
- **Función de vapor:** Al utilizar la función de vapor en la plancha puede ayudar a eliminar arrugas obstinadas y crear un planchado uniforme. También se puede usar un atomizador con agua para añadir humedad adicional cuando sea necesario.
- **Temperatura baja:** Para telas oscuras o aquellas propensas a brillar, usa un ajuste de temperatura más bajo y una tela protectora para planchar para evitar un acabado brillante.

PLANCHADO DE COSTURAS

Es fundamental planchar los márgenes de costura cada vez que coses los bloques, por lo que dominar una técnica adecuada es importante. Además, planchar la tela antes de cortarla y durante todo el proceso de quilting ayuda a garantizar la precisión. En esta sección, te guiaremos con métodos efectivos para realizar estas tareas cruciales pero a menudo pasadas por alto.

Costuras abiertas: Después de coser dos piezas de tela juntas, planchar los márgenes de costura abiertas. Este método ayuda a reducir el volumen, lo cual es

After sewing two pieces of fabric together, press the seam allowances open. | Después de coser dos piezas de tela juntas, planchar los márgenes de costura abiertas.

You can also press the seam allowances to one side. | También puedes planchar los márgenes de costura hacia un lado.

fabric of the block). This technique is often used in quilt piecing to help interlock seams and create a flatter quilt top.

PRESSING FABRIC

Pressing fabric is a fundamental technique in quilting that helps set seams, remove wrinkles, and achieve a clean, professional finish on your projects. Unlike simply ironing, pressing involves carefully applying the iron to flatten seams without stretching or distorting the fabric. In this section, you'll learn when and how to press correctly so your quilt blocks lay flat and crisp, making assembly easier and improving the overall look of your quilt.

Before Cutting: Press fabric before cutting out quilt pieces to remove wrinkles and ensure accurate measurements. It also ensures uniform cuts and maintains precision for the project pieces.

During Assembly: Regularly press fabric pieces during assembly to keep seams and fabric edges crisp and aligned. This keeps the seams and fabric edges neat and aligned, contributing to a more professional finish and more precise quilting.

PRESSING BLOCKS

Pressing blocks is an essential step in quilting that ensures your individual quilt blocks are flat, smooth, and ready for assembly. Proper pressing helps set the seams, reduce bulk, and align fabric pieces accurately, which makes joining blocks together easier and results in a neater final quilt. In this section, you will learn techniques for pressing

especialmente importante en los bloques de quilting donde la alineación precisa es crucial.

Hacia un lado: Alternativamente, puedes planchar los márgenes de costura hacia un lado (o hacia la tela más oscura del bloque). Esta técnica se usa frecuentemente en el ensamblaje de quilts para ayudar a entrelazar las costuras y crear la superficie del quilt más plana.

PLANCHADO DE TELA

El planchado de tela es una técnica fundamental en el quilting que ayuda a fijar las costuras, eliminar arrugas y lograr un acabado limpio y profesional en tus proyectos. A diferencia de simplemente planchar, planchar implica aplicar la plancha con cuidado y precisión para asentar las costuras sin estirar ni distorsionar la tela. En esta sección, aprenderás cuándo y cómo prensar correctamente para que tus bloques de quilt queden planos y bien definidos, facilitando el ensamblaje y mejorando la apariencia final de tu quilt.

Antes de cortar: Planchar la tela antes de cortar las piezas del quilt para eliminar arrugas y asegurar que las medidas estén precisas. Esto garantiza cortes uniformes y ayuda a mantener la precisión en las piezas del proyecto.

Durante el ensamblaje: Planchando regularmente las piezas de tela mientras el ensamble del quilt. Esto mantiene las costuras y los bordes de la tela nítidos y alineados, lo que contribuye a un acabado más profesional y un quilt más preciso.

PLANCHANDO LOS BLOQUES

Planchar los bloques es un paso esencial en el quilting que garantiza que tus bloques individuales queden planos,

blocks effectively—whether to press seams open or to one side—and how to avoid common issues like stretching or distortion, so your quilt looks polished and professional.

Flat Pressing: Use a gentle pressing motion to flatten quilt blocks. This helps to remove any distortion from sewing and ensures that the blocks lie flat and true.

Avoid Stretching: Be cautious not to stretch the fabric or distort the blocks while pressing. Press gently and lift the iron rather than sliding it.

PRESSING THE QUILT SANDWICH

Pressing the quilt sandwich is a crucial step that helps ensure your quilt layers—top, batting, and backing—lie flat and smooth before quilting. Proper pressing reduces wrinkles and puckering, making it easier to sew and quilt evenly. This step helps maintain the integrity of your quilt's design and improves the final appearance. In this section, you'll learn techniques to press your quilt sandwich carefully without shifting or damaging the layers, setting the stage for a beautiful finished quilt.

Top Layer: After piecing the quilt top, press it thoroughly to smooth out any wrinkles and seams. This helps prepare the quilt top so that it has a smooth, even surface for the next step.

Batting and Backing: Press the batting and backing fabric before assembling the quilt sandwich to ensure a smooth surface. This helps in achieving an even quilt surface.

Sewing for Quilting

When it comes to quilting, precise sewing techniques are essential for achieving a polished and professional finish. A key aspect of this precision is understanding and maintaining the correct seam allowance, typically ¼", which is the standard for most quilting projects. This small margin ensures that quilt pieces fit together accurately and that the final quilt maintains its intended dimensions.

Additionally, using templates is a valuable practice in quilting that helps in cutting fabric pieces to exact shapes and sizes. Templates, often made from plastic or cardboard, provide a guide for cutting pieces with consistent dimensions and shapes, which is crucial for piecing together complex quilt patterns.

By carefully measuring and cutting fabric according to these templates and adhering to

lisos y listos para ensamblar. Un planchado adecuado ayuda a fijar las costuras, reduce el volumen y alinea las piezas de tela con precisión, lo que facilita unir los bloques y logra un quilt más prolijo. En esta sección aprenderás técnicas para prensar los bloques de forma efectiva—ya sea planchar las costuras abiertas o hacia un lado—y cómo evitar problemas comunes como el estiramiento o la distorsión, para que tu quilt luzca pulido y profesional.

Planchado plano: Usar un movimiento de planchado suave para aplanar los bloques del quilt. Esto ayuda a eliminar cualquier distorsión causada por la costura y asegura que los bloques queden planos y alineados.

Evitar estiramiento: Tener cuidado de no estirar la tela ni distorsionar los bloques durante el planchado. Presionar suavemente y levantar la plancha en lugar de deslizarla.

PLANCHADO DEL SÁNDWICH DEL QUILT

Planchar el sándwich de quilt es un paso crucial que ayuda a que las capas de tu quilt—la parte superior, el punzunado/guate y el respaldo—queden planas y lisas antes de acolchar. Un planchado adecuado reduce arrugas y pliegues, facilitando la costura y el acolchado uniforme. Este paso ayuda a mantener la integridad del diseño de tu quilt y mejora su apariencia final. En esta sección aprenderás técnicas para planchar cuidadosamente el sándwich de tu quilt sin que las capas se deslicen o dañen, preparando el proyecto para un acabado hermoso.

Capa superior: Después de ensamblar la parte superior del quilt, la parte superior del quilt debe ser planchado completamente para alisar cualquier arruga y costura. Esto ayuda a preparar la parte superior para que tenga una superficie lisa y uniforme para el siguiente paso.

Punzonado y parte posterior: El punzonado y tela posterior debe ser planchado antes de montar el sándwich del quilt para asegurar una superficie suave. Esto contribuye a lograr una superficie del quilt uniforme y sin bultos.

Cosiendo para crear quilts

Cuando se trata de quilting, las técnicas de costura precisas son esenciales para lograr un acabado pulido y profesional. Un aspecto clave de esta precisión es entender y mantener la margen de costura correcta, típicamente de ¼", que es el estándar para la mayoría de los proyectos de acolchado. Este pequeño margen asegura que las piezas del quilt encajen con exactitud y que el quilt final mantenga sus dimensiones previstas.

Además, el uso de plantillas es una práctica valiosa en el acolchado que ayuda a cortar las piezas de tela con formas y tamaños exactos. Las plantillas, a menudo hechas de plástico o cartón, proporcionan una guía para cortar

a precise seam allowance, quilters can achieve neat, well-aligned blocks and seams, resulting in a beautifully crafted quilt.

SEAM ALLOWANCES

Seam allowances are the fabric edges that are sewn together, usually measured as ¼" in quilting. Use a ¼" presser foot or a seam guide to maintain consistent seam allowances. Sew a test piece to check the seam allowance accuracy.

STRAIGHT STITCHING

Straight stitching is essential for piecing quilt blocks and ensures your quilt holds together properly. Use a straight stitch setting on your sewing machine. The standard stitch length for piecing is 2.0–2.5mm. Pin pieces together to prevent shifting while sewing. Backstitch at the beginning and end of each seam to secure it, unless you are chain piecing.

CHAIN PIECING

Chain piecing is a time-saving technique where you sew multiple pieces together in a continuous chain without cutting the thread between pieces.

1. **Prepare Pieces:** Lay out the pieces to be sewn together in the correct order.
2. **Sew Continuously:** Feed the first pair of pieces through the machine. As you reach the end of the first pair, immediately feed the next pair without cutting the thread.
3. **Repeat:** Continue sewing all the pairs in the chain.

piezas con dimensiones y formas consistentes, lo cual es crucial para ensamblar patrones complejos de quilt.

Al medir y cortar cuidadosamente la tela según estas plantillas y respetar una margen de costura precisa, los quilters pueden lograr bloques y costuras prolijos y bien alineados, resultando en un quilt bellamente elaborado.

EL MARGEN DE COSTURA

Los márgenes de costura son los bordes de la tela que se cosen juntos, generalmente miden ¼" en el patchwork. Utilice un prensatelas de ¼" de pulgada o una guía de costura para mantener márgenes de costura consistentes. Cosa una pieza de prueba para comprobar la precisión del margen de costura.

COSTURA RECTA

La costura recta es esencial para unir los bloques de colchas y garantiza que la colcha se mantenga unida correctamente. Use una configuración de puntada recta en su máquina de coser. La longitud de puntada estándar para las piezas es de 2.0 a 2.5mm. Junte las piezas con alfileres para evitar que se muevan mientras cose. Haga un pespunte al principio y al final de cada costura para asegurarla, a menos que sea una pieza de cadena.

UNIÓN DE CADENA

La unión de cadenas es una técnica que ahorra tiempo y consiste en coser varias piezas juntas en una cadena continua sin cortar el hilo entre las piezas.

1. **Prepare las piezas:** Disponga las piezas que se van a coser en el orden correcto.
2. **Coser continuamente:** Pase el primer par de piezas a través de la máquina. Cuando llegue al final del

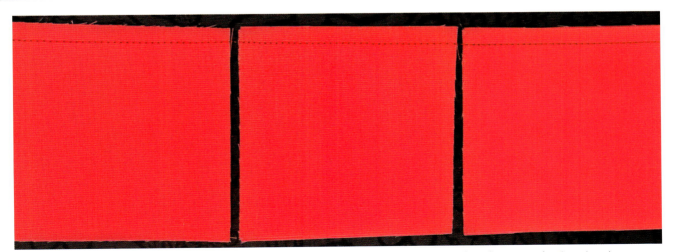

Chain piecing speeds up sewing by stitching multiple pieces in a continuous chain without cutting the thread—an efficient method for assembling quilt blocks.

La unión de cadena agiliza el proceso al unir varias piezas en una cadena continua sin cortar el hilo—un método eficiente para armar bloques de quilt.

4. **Cut Apart:** Once all pairs are sewn, cut the connecting threads between each set.

MACHINE APPLIQUÉ

Machine appliqué is a versatile and creative technique that adds dimension and detail to your quilting projects. The process involves cutting out shapes from fabric and stitching them onto a fabric background, allowing you to create intricate designs and patterns with ease.

The edges of the fabric shapes are sewn onto the background using a sewing machine. There are various stitch options available, each offering a different finish. Popular choices include the satin stitch, which provides a dense, polished edge, and the zigzag stitch, which offers a more flexible and textured finish. For a more subtle effect, you might use an invisible thread and a straight stitch close to the edge of the fabric.

RAW EDGE APPLIQUÉ

Raw edge appliqué is a popular quilting technique that involves attaching fabric shapes to a background fabric without enclosing the edges of the appliqué pieces. The edges of the appliqué pieces are left unsewn, giving a more casual, modern look.

It's quicker and often easier than traditional appliqué methods, making it accessible for quilters

primer par, pase inmediatamente al siguiente par sin cortar el hilo.
3. **Repetir:** Continuar cosiendo todos los pares de la cadena.
4. **Cortar:** Una vez que todos los pares estén unidos, corte los hilos de conexión entre cada conjunto.

APLICACIÓN (APLIQUÉ) A MÁQUINA

La aplicación a máquina es una técnica versátil y creativa que agrega dimensión y detalle a sus proyectos de acolchado. El proceso consiste en recortar formas de tela y coserlas sobre un fondo de tela, lo que le permite crear diseños y patrones complejos con facilidad.

Las orillas de las formas de tela se cosen sobre el fondo con una máquina de coser. Hay varias opciones de puntadas disponibles y cada una ofrece un acabado diferente. Las opciones populares incluyen la puntada satinada, que proporciona un borde denso y pulido, y la puntada en zigzag, que ofrece un acabado más flexible y texturizado. Para un efecto más sutil, puedes utilizar un hilo invisible y una puntada recta cerca del borde de la tela.

APLICACIÓN (APLIQUÉ) DE BORDE SIN TERMINAR EN QUILTING

El Apliqué de Borde sin terminar es una técnica de quilting popular que consiste en unir formas de tela a una tela de fondo sin encerrar los bordes de las piezas de apliqué. Los bordes de las piezas de apliqué se dejan sin coser, lo que proporciona un aspecto más casual y moderno.

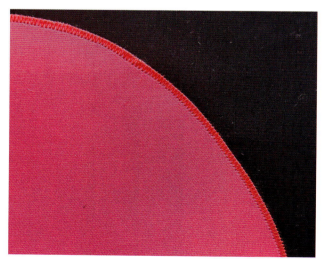

Raw edge appliqué secured with a zigzag stitch creates a bold, textured look while preventing fabric fraying.

La aplicación (apliqué) con borde sin rematar asegurada con puntada zigzag crea un aspecto audaz y texturizado, evitando que la tela se deshilache.

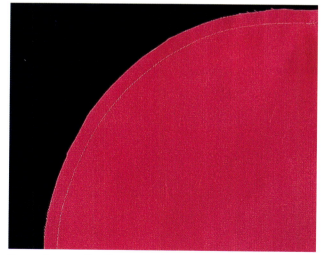

Raw edge appliqué finished with a straight stitch provides a clean, simple outline while securing the fabric in place.

La aplicación (apliqué) con borde sin rematar terminada con puntada recta ofrece un contorno limpio y sencillo, asegurando la tela en su lugar.

of all skill levels. Shapes are cut from fabric, often using a rotary cutter or scissors. Fusible web can be used to help secure the pieces.

Using fusible web is a popular method where a heat-activated adhesive is applied to the back of the fabric pieces. The pieces are then ironed onto the background fabric, ensuring they stick. After fusing, the edges of the appliqué can be sewn down using various techniques, such as:

- **Straight Stitches:** For a clean, simple look.
- **Zigzag Stitches:** Adds texture and helps prevent fraying.
- **Decorative Stitches:** These can enhance the design and add personality.

Some quilters may choose to leave the edges completely raw without any stitching, relying on the fabric's natural fraying for texture.

Raw edge appliqué is a versatile and accessible technique that adds a dynamic element to quilting projects. Its ease of use and creative possibilities make it a favorite among quilters looking to experiment with design and color. Whether you choose to stitch or leave the edges raw, this method can lead to beautiful and unique creations. In the book, the Atardecer Table Runner (see page 110) will help you practice this technique.

MAKING PATTERN TEMPLATES

Creating pattern templates is an important step in quilting that helps ensure accuracy and consistency in your quilt pieces. Templates act as guides for cutting fabric into precise shapes and sizes, allowing you to replicate complex designs with ease. Whether made from sturdy plastic, cardboard, or specialty template plastic, these tools make piecing quilts more efficient and help maintain uniformity across all blocks. In this section, you'll learn how to create and use pattern templates to bring your quilt designs to life with precision and confidence.

1. Identify and isolate each unique shape in your pattern. Measure the dimensions of each shape accurately.
2. Draw each shape on graph paper with precise measurements.
3. Trace the shapes onto template plastic for a more durable template. Cut them out using scissors or a rotary cutter.
4. Write the name or number of the quilt block, as well as any important details (e.g., "Square A" or "Triangle B"), on each template using a marker or pen. This helps keep your pieces organized.

Es más rápido y, a menudo, más fácil que los métodos de apliqué tradicionales, lo que lo hace accesible para quilters de todos los niveles de habilidad. Las formas se cortan de la tela, a menudo utilizando un cortador rotativo o tijeras. Se puede usar una web fusible para ayudar a asegurar las piezas.

Usar *fusible web* es un método popular en el que se aplica un adhesivo activado por calor en la parte posterior de las piezas de tela. Luego, las piezas se planchan sobre la tela de fondo, asegurándose de que se adhieran. Después de fusionar, los bordes del apliqué se pueden coser utilizando diversas técnicas, como:

- **Puntadas rectas:** Para un aspecto limpio y simple.
- **Puntadas en zigzag:** Añade textura y ayuda a prevenir el deshilachado.
- **Puntadas decorativas:** Pueden realzar el diseño y añadir personalidad.

Algunos quilters pueden optar por dejar los bordes completamente sin terminar, sin ninguna costura, confiando en el deshilachado natural de la tela para agregar textura.

La aplicación (apliqué) de borde sin terminar es una técnica versátil y accesible que añade un elemento dinámico a los proyectos de quilting. Su facilidad de uso y las posibilidades creativas la convierten en una favorita entre los quilters que buscan experimentar con el diseño y el color. Ya sea que elijas coser o dejar los bordes crudos, este método puede dar lugar a creaciones hermosas y únicas. En el libro, el proyecto del camino de mesa "Atardecer" (ir a la página 110) te ayudará a practicar la técnica de aplicación (apliqué) de borde sin terminar.

HACER PLANTILLAS DE PATRONES

Crear plantillas de patrón es un paso importante en el acolchado que ayuda a garantizar la precisión y consistencia en las piezas de tu quilt. Las plantillas funcionan como guías para cortar la tela en formas y tamaños exactos, permitiéndote replicar diseños complejos con facilidad. Ya sean hechas de plástico resistente, cartón o plástico especial para plantillas, estas herramientas hacen que el ensamblaje de los quilts sea más eficiente y ayudan a mantener la uniformidad en todos los bloques. En esta sección aprenderás cómo crear y usar plantillas de patrón para dar vida a tus diseños de quilt con precisión y confianza.

1. Identifique y aísle cada forma única en su patrón. Mide las dimensiones de cada forma con precisión.
2. Dibuja cada forma en papel cuadriculado con medidas precisas.
3. Trace las formas en la plantilla de plástico para obtener una plantilla más duradera. Cortarlos con unas tijeras o un cortador giratorio.

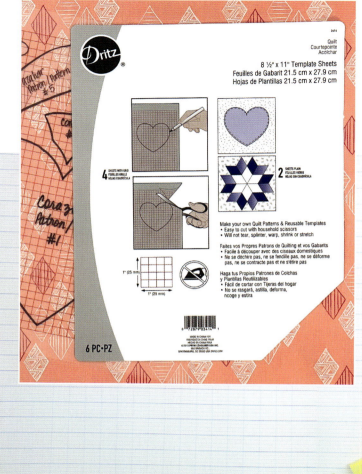

Clear plastic sheets ideal for crafting durable and reusable quilting templates that ensure precise cutting and consistent shapes.

Hojas plásticas transparentes ideales para crear plantillas duraderas y reutilizables para quilting, que garantizan cortes precisos y formas consistentes.

Tools for creating quilting templates help achieve precise shapes and consistent designs, essential for accurate piecing and appliqué.

Herramientas para crear plantillas de quilting que facilitan formas precisas y diseños consistentes, esenciales para unir y aplicar con exactitud.

5. Add a ¼" seam allowance around each shape if it's not already included in your design. This ensures that your fabric pieces will fit together correctly when sewn.
6. Cut out fabric pieces using your templates and sew a test block to ensure the pieces fit together properly. Adjust the templates if necessary.

4. Escriba el nombre o el número del bloque de patchwork, así como cualquier detalle importante (por ejemplo, "Cuadrado A" o "Triángulo B"), en cada plantilla con un marcador o bolígrafo. Esto ayuda a mantener tus piezas organizadas.
5. Agregue un margen de costura de ¼" alrededor de cada forma si aún no está incluido en su diseño. Esto garantiza que las piezas de tela encajen correctamente al coser.
6. Recorta piezas de tela usando tus plantillas y cose un bloque de prueba para asegurarte de que las piezas encajen correctamente. Ajuste las plantillas si es necesario.

All About Quilt Blocks
Todo sobre los bloques que hacen un quilt

Quilt blocks are the fundamental building blocks of quilting, forming the basic units that come together to create intricate and beautiful quilt designs. Each block is typically a square or rectangular piece of fabric, and they come in a variety of shapes, sizes, and patterns. Basic quilt blocks often feature simple geometric designs, such as squares, triangles, and rectangles, which can be combined and arranged in countless ways to produce diverse and striking quilt patterns. Whether you're a beginner or an experienced quilter, mastering these basic blocks is essential for creating cohesive and visually appealing quilts. By learning how to piece these blocks accurately and efficiently, quilters can experiment with different fabrics and colors, explore a wide range of patterns, and ultimately bring their creative visions to life.

In this section, we will walk you through seven basic blocks along with the basics of curves and appliqué.

Los bloques de quilting son los elementos fundamentales del quilt, formando las unidades básicas que se ensamblan para crear diseños intrincados y hermosos. Cada bloque es típicamente una pieza de tela cuadrada o rectangular, y vienen en una variedad de formas, tamaños y patrones. Los bloques de quilting básicos a menudo presentan diseños geométricos simples, como cuadrados, triángulos y rectángulos, que se pueden combinar y organizar de infinitas maneras para producir patrones de quilts diversos y llamativos. Ya seas un principiante o un quilter experimentado, dominar estos bloques básicos es esencial para crear colchas coherentes y visualmente atractivas. Al aprender a unir estos bloques de manera precisa y eficiente, los quilters pueden experimentar con diferentes telas y colores, explorar una amplia gama de patrones y, en última instancia, dar vida a visiones creativas.

En esta sección, lo guiaremos a través de siete bloques básicos junto con los conceptos básicos de curvas y apliqués.

A sawtooth star quilt combining basic appliqué and simple embroidery stitches, designed to build foundational skills while creating a visually appealing handcrafted piece.

Un quilt de estrella dentada que combina aplicación básica y puntadas sencillas de bordado, diseñado para desarrollar habilidades fundamentales mientras se crea una pieza artesanal visualmente atractiva.

Rail Fence Block

This is a classic quilt block characterized by its simple yet striking pattern of horizontal or diagonal stripes. It's popular among quilters for its versatility and ease of construction. It consists of several parallel strips (or "rails") of fabric that are sewn together. These strips are typically of equal width and arranged in a staggered pattern.

The strips are sewn together in a series of horizontal or diagonal rows, creating a series of rails that can vary in number, typically three or more.

Bloque de cerca de carril

Es un bloque de quilts clásico caracterizado por su patrón simple pero llamativo de rayas horizontales o diagonales. Es popular entre los quilters por su versatilidad y facilidad de construcción. Consiste en varias tiras paralelas (o "rieles") de tela que se cosen juntas. Estas tiras suelen tener el mismo ancho y se disponen en un patrón escalonado.

Las tiras se cosen juntas en una serie de filas horizontales o diagonales, creando una serie de carriles que pueden variar en número, típicamente tres o más.

BLOCK VARIATIONS
VARIACIONES DEL BLOQUE

Traditional Rail Fence: This design features horizontal rails of varying colors and patterns that run across the block.
Cerca de carril tradicional: Este diseño presenta carriles horizontales de colores y patrones variados que atraviesan el bloque.

Three-Rail, Four-Rail: The number of rails can vary; a three-rail version is the most common, but some quilts use four or more rails to create more complex patterns.
Tres carriles, Cuatro carriles: El número de carriles puede variar; una versión de tres carriles es la más común, pero algunos quilts utilizan cuatro o más carriles para crear patrones más complejos.

STEP-BY-STEP INSTRUCTIONS (BLOCK SIZE 12½″ SQUARE UNFINISHED)
INSTRUCCIONES PASO A PASO (TAMAÑO DEL BLOQUE ES 12½″ CUADRADO SIN TERMINAR)

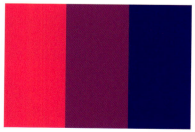

Step 1: Choose 3 (three) fabrics for the rail fence block. Use coordinating or contrasting fabrics, depending on the design preference.

Paso 1: Elegir 3 (tres) telas para el bloque de cerca de carril. Se pueden usar telas coordinadas o contrastantes, dependiendo de la preferencia y del diseño.

Step 2: Cut 1 (one) fabric strip of 4½" in width by 12½" in length from each fabric.

Paso 2: Cortar 1 (una) tira de tela de 4½" de ancho por 12½" de largo de cada tela.

Step 3: Place the 3 (three) strips side by side in the order desired to appear in the block. This arrangement will determine the color pattern of the block. Ensure that the edges of the strips are aligned properly.

Paso 3: Colocar las 3 (tres) tiras a un lado de la otra en el orden deseado para formar el bloque. El orden determinará el patrón de color del bloque. Asegurarse de que los bordes de las tiras estén bien alineados.

Step 4: Place the first strip on top of the second strip, right sides together.

Paso 4: Colocar la primera tira sobre la segunda tira, lado derechos juntos.

Step 5: Stitch along the right edge where the 2 (two) strips meet. Use a ¼" seam allowance.

Paso 5: Coser a lo largo del borde derecho donde las 2 (dos) tiras se juntan. Usar un margen de costura de ¼".

Step 6: After sewing, press the seam allowance toward the top strip. This helps reduce bulk and keeps seams neat.

Paso 6: Después de coser, planchar el margen de costura hacia arriba de la tira superior. Esto ayudará a reducir el volumen en las costuras y mantener las costuras en orden.

Step 7: Place the third strip on top of the sewn pair, right sides together.

Paso 7: Colocar la tercera tira sobre las tiras cosidas previamente con lados derechos juntos.

Step 8: Stitch along the edge where the third strip meets the sewn pair. Using a ¼" seam allowance.

Paso 8: Coser a lo largo del borde derecho donde las tiras se unen. Coser usando un ¼" de margen de costura.

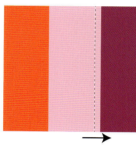

Step 9: Press the seam allowance toward the third strip.

Paso 9: Planchar el margen de costura hacia la tercera tira de tela.

Step 10: Press the entire block to set the seams. Ensure that all seams lie flat and that the block is smooth. If needed, trim the edges of the block to ensure the block finishes at 12½" square.

Paso 10: Planchar el bloque completo para fijar las costuras. Asegurando que todas las costuras estén planas y el bloque quede liso. Si es necesario, cortar los bordes del bloque asegurándose que el bloque quede de la medida correcta de un cuadrado de 12½".

4-Patch Block

A 4-Patch block is a fundamental and versatile component in quilting, known for its simplicity and ease of construction. The 4-Patch block consists of four equally sized squares arranged in a 2x2 grid. When pieced together, it forms a larger square block, with each smaller square contributing to the overall pattern. The 4-Patch block is often used as a building block in various quilt designs and patterns.

You can use two different fabrics or four different fabrics. The arrangement can vary, but a common approach is:
- Top-left and bottom-right squares are one fabric.
- Top-right and bottom-left squares are another fabric.

The arrangement of fabrics can create different visual effects and patterns. For instance, alternating fabrics can create a checkerboard pattern. Using four different fabrics or incorporating additional techniques, like sashing or borders, can create more intricate designs.

Typically, a ¼" seam allowance is used. Precise seam allowances are important for ensuring the block dimensions are accurate. Pressing the seams open or to one side helps reduce bulk and ensures that the block lays flat. Proper pressing is crucial for achieving a neat and square block.

It's an excellent block for beginner quilters to practice cutting, piecing, and pressing techniques.

Bloque de 4 cuadrados

Un bloque de 4 cuadrados es un componente fundamental y versátil en el quilt, conocido por su simplicidad y facilidad de construcción. El bloque de 4 cuadrados consta de cuatro cuadrados del mismo tamaño colocados en una cuadrícula de 2x2. Al unirlos, forma un bloque cuadrado más grande, con cada cuadrado pequeño contribuyendo al patrón general. El bloque de 4 cuadrados se utiliza a menudo como un bloque base en diversos diseños y patrones de quilts.

Puedes usar dos telas diferentes o cuatro telas diferentes. La ubicación puede variar, pero un enfoque común es:
- Los cuadrados superior izquierdo e inferior derecho son de una tela.
- Los cuadrados superior derecho e inferior izquierdo son de otra tela.

La ubicación de las telas puede crear diferentes efectos visuales y patrones. Por ejemplo, alternar las telas puede generar un patrón de tablero de ajedrez. Usar cuatro telas diferentes o incorporar técnicas adicionales, como tiras de separación (sashing) o bordes, puede crear diseños más complejos.

Típicamente, se usa un margen de costura de ¼". Las márgenes de costura precisas son importantes para asegurar que las dimensiones del bloque sean exactas. Planchar las costuras abiertas o hacia un lado ayuda a reducir el volumen y asegura que el bloque quede plano. Un buen planchado es crucial para lograr un bloque limpio y cuadrado.

Es un excelente bloque para que los quilters principiantes practiquen técnicas de corte, ensamblaje y planchado.

A modified 4-Patch block featuring variations in fabric placement and design to add visual interest while maintaining a simple construction.

Un bloque de 4 cuadrados modificado que presenta variaciones en la colocación y el diseño de las telas para añadir interés visual manteniendo una construcción sencilla.

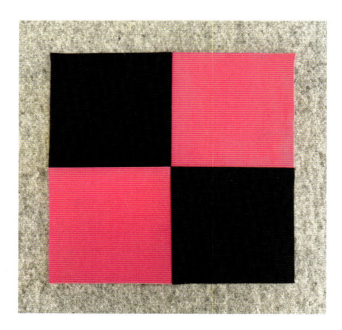

STEP-BY-STEP INSTRUCTIONS (BLOCK SIZE 9½" SQUARE UNFINISHED)
INSTRUCCIONES PASO A PASO (TAMAÑO DEL BLOQUE 9½" CUADRADO SIN TERMINAR)

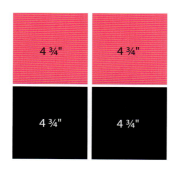

Step 1: Select 2 (two) different fabrics. For a traditional 4-Patch block, it requires fabric for the top-left and bottom-right squares, and fabric for the top-right and bottom-left squares. For a 4-Patch block that measures 9½" unfinished (9" square finished), cut 4 (four) squares that are 4¾" each.

Paso 1: Seleccionar 2 (dos) telas diferentes. Para un bloque de 4 cuadrados tradicional, necesitarás una tela para los cuadrados superior izquierdo e inferior derecho, y otra tela para los cuadrados superior derecho e inferior izquierdo. Para un bloque de 4 cuadrados de medida de 9½" sin terminar (9" cuadrados terminado), cortar 4 (cuatro) cuadrados de 4¾" cada uno.

Step 2: Lay out your 4 (four) squares in the desired arrangement. Typically, the block will be arranged with 2 (two) fabrics alternating, such as: Top left, Fabric A (pink); Top right, Fabric B (black); Bottom left, Fabric B (black); Bottom right, Fabric A (pink).

Paso 2: Colocar los 4 (cuatro) cuadrados en la ubicación deseada. Típicamente, el bloque se organiza con 2 (dos) telas alternando, como por ejemplo: Superior izquierda, Tela A (rosada); Superior derecho, Tela B (negra); Inferior izquierdo, Tela B (negra); Inferior derecho, Tela A (rosada).

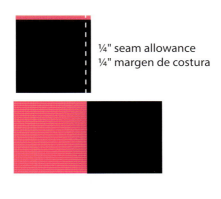

¼" seam allowance
¼" margen de costura

Step 3: Sew the rows. For Row 1, place the top-left and top-right squares right sides together. Sew along the edge with a ¼" seam allowance. Press the block to 1 (one) side (toward the dark fabric).

Paso 3: Coser las filas. Para la Fila 1, colocar los cuadrados superior izquierdo y superior derecho lados derechos juntos. Coser a lo largo del borde con una margen de costura de ¼". Planchar el bloque hacia 1 (un) lado (hacia la tela oscura).

¼" seam allowance
¼" margen de costura

Step 4: For Row 2, place the bottom-left and bottom-right squares right sides together. Sew along the edge with a ¼" seam allowance. Press the block to 1 (one) side (toward the dark fabric).

Paso 4: Para la Fila 2, colocar los cuadrados inferior izquierdo e inferior derecho lados derechos juntos. Coser a lo largo del borde con un margen de costura de ¼". Planchar el bloque hacia 1 (un) lado (hacia la tela oscura).

Step 5: Join the rows. Place the 2 (two) rows right sides together, matching the seams at the intersections. Ensure that the seams align properly. Since the seams were pressed to 1 (one) side, they should nest together. This makes it easier to align the rows.

Paso 5: Unir las filas. Colocar las 2 (dos) filas lados derechos juntos, alineando las costuras en las intersecciones. Asegurarse que las costuras estén bien alineadas. Como las costuras se presionaron hacia 1 (un) lado, deberían encajar. Esto facilita la alineación de las filas.

Step 6: Sew along the vertical seam where the rows meet, maintaining a ¼" seam allowance. Press the seams open to reduce bulk and ensure the block lies flat.

Paso 6: Coser a lo largo de la costura vertical donde se encuentran las filas, manteniendo un margen de costura de ¼". Planchar las costuras abiertas para reducir el grosor y asegurar que el bloque quede plano.

Step 7: Ensure the block measures 9½" square. If necessary, trim the edges to achieve the correct size. Use a ruler and rotary cutter to trim any uneven edges, ensuring your block is perfectly square and the seams are aligned. Give the completed block a final press with your iron to ensure all seams are flat and the block is smooth.

Paso 7: Asegurarse que el bloque mida 9½" cuadrados. Si es necesario, cortar los bordes para alcanzar el tamaño correcto. Utilizar una regla y un cortador rotatorio para cortar cualquier borde desigual, asegurando que el bloque esté perfectamente cuadrado y las costuras alineadas. Planchar el bloque por última vez para asegurar que todas las costuras estén planas y el bloque esté suave.

9-Patch Block

The 9-Patch block is a classic and versatile quilt block made up of nine equally sized squares arranged in a 3x3 grid. Its simplicity makes it a popular choice for quilters of all skill levels, and it serves as a foundation for numerous quilt patterns and designs.

In a traditional 9-Patch block, the squares are often arranged with a specific color pattern, such as:
- **Top Row:** Fabric A, Fabric B, Fabric A
- **Middle Row:** Fabric B, Fabric C, Fabric B
- **Bottom Row:** Fabric A, Fabric B, Fabric A

This arrangement creates a simple yet effective design, with a central focus and a symmetrical look. You can use two or three different fabrics or a mix of patterned and solid fabrics. The arrangement can vary, allowing for a wide range of creative possibilities.

The 9-Patch block can be used as a standalone block or as part of a larger quilt design. Its simple structure makes it a versatile choice for various patterns.

Experiment with different fabric arrangements, colors, and patterns to create unique designs. The 9-Patch block can be altered by adding borders, sashing, or incorporating different fabrics. Use the 9-Patch block as a base for more complex designs by modifying the placement of fabrics or combining it with other blocks. Whether used in a single quilt or as part of a larger project, the 9-Patch block offers endless possibilities for quilters to explore and enjoy.

Bloque de 9 cuadrados

El bloque de 9 cuadrados es un bloque clásico y versátil en el quilt, compuesto por nueve cuadrados de igual tamaño ubicados en una cuadrícula de 3x3. Su simplicidad lo convierte en una opción popular para quilters de todos los niveles de habilidad, y sirve como base para numerosos patrones y diseños de quilts.

En un bloque de 9 cuadrados tradicional, los cuadrados a menudo se organizan con un patrón de color específico, como:
- **Fila superior:** Tela A, Tela B, Tela A
- **Fila del medio:** Tela B, Tela C, Tela B
- **Fila inferior:** Tela A, Tela B, Tela A

Este arreglo crea un diseño sencillo pero efectivo, con un enfoque central y un aspecto simétrico. Se puede usar dos o tres telas diferentes o una combinación de telas estampadas y lisas. El arreglo puede variar, permitiendo una amplia gama de posibilidades creativas.

El bloque de 9 parches puede usarse como un bloque independiente o como parte de un diseño de colcha más grande. Su estructura simple lo convierte en una opción versátil para varios patrones.

Experimentar con diferentes arreglos de telas, colores y patrones para crear diseños únicos. El bloque de 9 cuadrados puede alterarse añadiendo bordes, sashing o incorporando telas diferentes. Usar el bloque de 9 cuadrados como base para diseños más complejos modificando la colocación de las telas o combinándolo con otros bloques. Ya sea utilizado en el quilt completo o como parte de un proyecto más grande, el bloque de 9 cuadrados ofrece infinitas posibilidades para que los quiltmakers exploren y disfruten.

A classic 9-Patch quilt block made from nine equal squares, offering a simple yet versatile design perfect for beginner quilters.

Un bloque clásico de 9 cuadrados formado por nueve cuadrados iguales, que ofrece un diseño sencillo pero versátil, ideal para quilters principiantes

STEP-BY-STEP INSTRUCTIONS (BLOCK SIZE 9½" SQUARE UNFINISHED)
INSTRUCCIONES PASO A PASO (TAMAÑO DEL BLOQUE 9½" CUADRADOS SIN TERMINAR)

Step 1: Select 3 (three) different fabrics (Fabric A, Fabric B, and Fabric C) or use the same fabric for a more uniform look. Typically, you'll need 9 (nine) squares in total, with some fabrics used multiple times.

Paso 1: Seleccionar 3 (tres) telas diferentes (Tela A, Tela B y Tela C) o usar la misma tela para un aspecto más uniforme. Normalmente, necesitarás 9 (nueve) cuadrados en total, con algunas telas utilizadas varias veces.

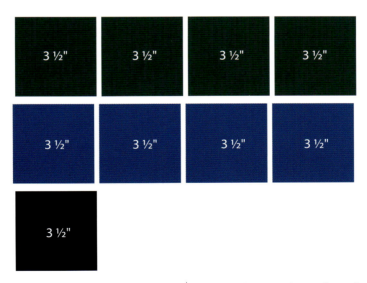

Step 2: Cut 9 (nine) squares that are each 3½". This accounts for the seam allowances and ensures the final block will be the correct size.

Paso 2: Cortar 9 (nueve) cuadrados, del tamaño 3½". Esto toma en cuenta los márgenes de costura y asegura que el bloque final tenga el tamaño correcto.

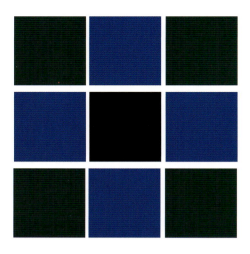

Step 3: Lay out the 9 (nine) squares in a 3x3 grid. For a traditional arrangement: Top row: Fabric A, Fabric B, Fabric A; Middle row: Fabric B, Fabric C, Fabric B; Bottom row: Fabric A, Fabric B, Fabric A. Adjust the arrangement according to your design or fabric choices.

Paso 3: Colocar los 9 (nueve) cuadrados en una cuadrícula de 3x3. Para una ubicación tradicional: Fila superior: Tela A, Tela B, Tela A; Fila del medio: Tela B, Tela C, Tela B; Fila inferior: Tela A, Tela B, Tela A. Ajustar la ubicación según el diseño o las elecciones de telas.

¼" seam allowance
¼" margen de costura

¼" seam allowance
¼" margen de costura

Step 4: For Row 1, place the top row squares (Fabric A, Fabric B, Fabric A) right sides together. Sew along the edges with a ¼" seam allowance. Press the seams open or to 1 (one) side.

Paso 4: Para la Fila 1, colocar los cuadrados de la Fila superior (Tela A, Tela B, Tela A) lados derechos juntos. Coser a lo largo de los bordes con un margen de costura de ¼". Planchar las costuras abiertas o hacia 1 (un) lado.

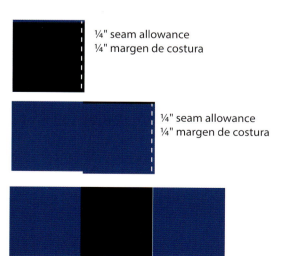

¼" seam allowance
¼" margen de costura

¼" seam allowance
¼" margen de costura

Step 5: For Row 2, place the middle row squares (Fabric B, Fabric C, Fabric B) right sides together. Sew along the edges with a ¼" seam allowance. Press the seams open or to 1 (one) side.

Paso 5: Para la Fila 2, colocar los cuadrados de la Fila del medio (Tela B, Tela C, Tela B) con los lados derechos juntos. Coser a lo largo de los bordes con un margen de costura de ¼". Planchar las costuras abiertas o hacia 1 (un) lado.

¼" seam allowance
¼" margen de costura

¼" seam allowance
¼" margen de costura

Step 6: For Row 3, place the bottom row squares (Fabric A, Fabric B, Fabric A) right sides together. Sew along the edges with a ¼" seam allowance. Press the seams open or to 1 (one) side.

Paso 6: Para la Fila 3, colocar los cuadrados de la Fila inferior (Tela A, Tela B, Tela A) con los lados derechos juntos. Coser a lo largo de los bordes con un margen de costura de ¼". Planchar las costuras abiertas o hacia 1 (un) lado.

¼" seam allowance
¼" margen de costura

¼" seam allowance
¼" margen de costura

Step 7: Align the rows with right sides together, matching the seams at the intersections. Sew along the vertical seams where the rows meet with a ¼" seam allowance. Press the seams of the entire block open or to 1 (one) side. Pressing the seams open helps reduce bulk and ensures the block lies flat.

Paso 7: Alinear las filas con los lados derechos juntos, emparejando las costuras en las intersecciones. Coser a lo largo de las costuras verticales donde se encuentran las filas con un margen de costura de ¼". Planchar las costuras de todo el bloque abiertas o hacia 1 (un) lado. Planchar las costuras abiertas ayuda a reducir el volumen y asegura que el bloque quede plano.

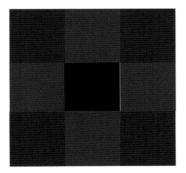

Step 8: Verify that the block measures 9½" square. If necessary, trim the edges to achieve the correct size. Use a ruler and rotary cutter to trim any uneven edges and ensure that the block is perfectly square. Give the completed block a final press with your iron to ensure all seams are flat and the block is smooth.

Paso 8: Verificar que el bloque mida 9½" cuadrado. Si es necesario, cortar los bordes para lograr el tamaño correcto. Usar una regla y un cortador rotatorio para cortar los bordes irregulares y asegurarte de que el bloque esté perfectamente cuadrado. Planchar el bloque por última vez para asegurar que todas las costuras estén planas y el bloque esté suave.

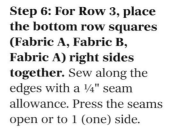
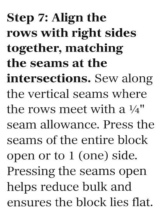

Half-Square Triangle Block (HST)

The half-square triangle block is a triangular quilt piece created by sewing two squares of fabric together along a diagonal line. The result is two triangles that can be used individually or combined in various arrangements to create different quilt patterns. Each half-square triangle is essentially a right triangle with two sides of equal length.

Half-square triangles can be arranged in various patterns, such as Pinwheels, Flying Geese, and more complex designs. They can be used to create intricate patterns by arranging them in different orientations.

You can use contrasting or complementary fabrics to create different visual effects. The arrangement of colors and patterns within the half-square triangles can dramatically impact the overall look of the quilt.

Bloque triángulo de medio cuadrado (TMC)

El bloque de triángulo de medio cuadrado es una pieza de quilt triangular creada al coser dos cuadrados de tela juntos a lo largo de una línea diagonal. El resultado son dos triángulos que se pueden usar individualmente o combinar en diferentes arreglos para crear varios patrones de quilt. Cada triángulo de medio cuadrado es esencialmente un triángulo rectángulo con dos lados de igual longitud.

Los triángulos de medio cuadrado se pueden organizar en varios patrones, como ruedas de molino, vuelo de la oca y diseños más complejos. Se pueden utilizar para crear patrones complejos al organizarlos en diferentes orientaciones.

Puedes usar telas contrastantes o complementarias para crear diferentes efectos visuales. La posición de los colores y patrones dentro de los triángulos de medio cuadrados puede impactar de manera dramática el aspecto general del quilt.

A Half-Square Triangle (HST) block, created by joining two squares of fabric together along a diagonal line, forming a versatile unit used in numerous quilt designs.

Un bloque de triángulo de medio cuadrado (TMC), creado al unir dos cuadrados de tela juntos a lo largo de una línea diagonal, formando una unidad versátil utilizada en numerosos diseños de quilts.

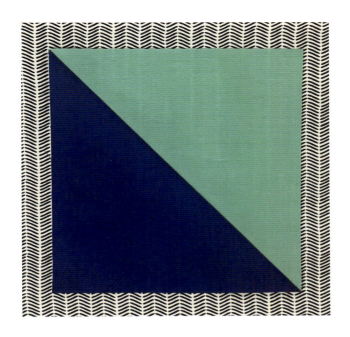

STEP-BY-STEP INSTRUCTIONS (BLOCK SIZE 5″ SQUARE UNFINISHED)
INSTRUCCIONES PASO A PASO (TAMAÑO DEL BLOQUE 5″ CUADRADO SIN TERMINAR)

Step 1: Cut 2 (two) fabric squares that measure 5" square.

Paso 1: Cortar 2 (dos) cuadrados de tela de un tamaño de 5".

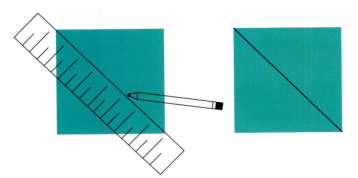

Step 2: Draw a diagonal line corner to corner in 1 (one) of the fabric squares on the wrong side of the fabric.

Paso 2: Dibujar una línea diagonal de esquina a esquina en 1 (uno) de los cuadrados de tela en el posterior de la tela.

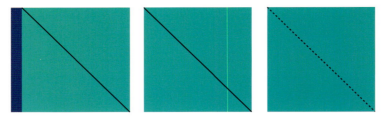

Step 3: Then, place the 2 (two) fabric squares right sides together, making sure the square with the diagonal line is on top. Stitch on the drawn line.

Paso 3: Luego, colocar los 2 (dos) cuadrados de tela con los lados derechos juntos, asegurándose de que el cuadrado con la línea diagonal quede arriba. Coser sobre la línea dibujada.

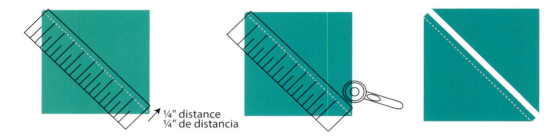

¼" distance
¼" de distancia

Step 4: Next, with a ruler, measure ¼" from the sewn line and cut to create the seam allowance of the HST.

Paso 4: Luego, con una regla, medir ¼" desde la línea de costura y cortar para crear el margen de costura del TMC.

Step 5: Press the block open and your HST has been completed.

Paso 5: Planchar el bloque abierto y el TMC está terminado.

TIP

See pages 84–85 and 132–135 to learn methods for cutting multiple HSTs at once.

CONSEJO

Ver las páginas 84–85 y 132–135 para aprender los métodos de corte de múltiples de triángulos medio cuadrados a la vez.

Quarter-Square Triangle Block (QST)

A quarter-square triangle block is a versatile and popular component in quilting, known for its geometric appeal and ability to create various patterns. The quarter-square triangle block is made up of four triangles arranged to form a square. Each triangle is a quarter of a larger square, hence the name "quarter square." The block consists of four right triangles.

Each triangle is cut from a square, resulting in a block with a diagonal seam from corner to corner. Typically, this block starts with a larger square, and then the square is cut into four smaller triangles. These triangles are sewn together to form the block.

The placement of different fabrics or colors in each triangle can create a wide range of designs, including patterns like pinwheels or stars. The size of the quarter-square triangle block can be adjusted by varying the size of the initial squares.

Bloque de triángulo de un cuarto de cuadrado (BTC)

Un bloque de triángulo de un cuarto de cuadrado es un componente versátil y popular en la confección de quilts, conocido por su atractivo geométrico y su capacidad para crear diversos patrones. El bloque de triángulo de un cuarto de cuadrado está formado por cuatro triángulos organizados de manera que un cuadrado es formado. Cada triángulo es un cuarto de un cuadrado más grande, de ahí el nombre "triángulo de un cuarto". El bloque consiste en cuatro triángulos rectángulos.

Cada triángulo se corta de un cuadrado, lo que resulta en un bloque con una costura diagonal de esquina a esquina. Típicamente, este bloque comienza con un cuadrado más grande que luego se corta en cuatro triángulos más pequeños. Estos triángulos se cosen juntos para formar el bloque.

La ubicación de diferentes telas o colores en cada triángulo puede crear una amplia variedad de diseños, incluyendo patrones como molinetes o estrellas. El tamaño del bloque de triángulo de un cuarto de cuadrado se puede ajustar variando el tamaño de los cuadrados iniciales.

A Quarter-Square Triangle (QST) block made by sewing four triangles together, perfect for creating fun and simple quilt patterns.

Un bloque de triángulo de un cuarto de cuadrado (BTC) hecho al coser cuatro triángulos juntos, ideal para crear patrones de quilt divertidos y sencillos.

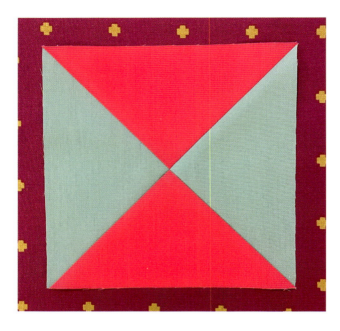

STEP-BY-STEP INSTRUCTIONS (BLOCK SIZE 9½″ SQUARE UNFINISHED)
INSTRUCCIONES PASO A PASO (TAMAÑO DEL BLOQUE ES 9½″ CUADRADO SIN TERMINAR)

Step 1: Cut 1 (one) background fabric square and 1 (one) contrasting fabric square, each measuring 11″ square.

Paso 1: Corte 1 (una) cuadrados de tela fondo y 1 (una) tela contraste de cada uno de los cuales debe medir 11″.

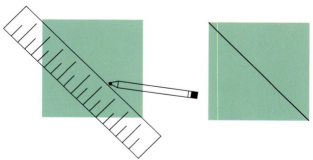

Step 2: Place the 2 (two) squares right sides together. Draw a diagonal line from corner to corner on the back of 1 (one) square.

Paso 2: Colocar los 2 (dos) cuadrados con los lados derechos juntos. Dibujar una línea diagonal de esquina a esquina en la parte posterior de 1 (un) cuadrado.

Step 3: Sew a ¼" seam on each side of the drawn line.

Paso 3: Coser una costura de ¼" a cada lado de la línea dibujada.

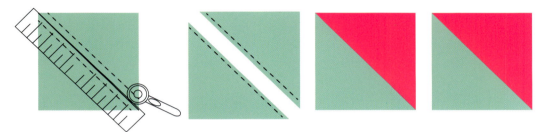

Step 4: Cut along the diagonal line to create 2 (two) HSTs. Press both seams toward the same fabric.

Paso 4: Cortar a lo largo de la línea diagonal para crear 2 (dos) TMC. Presione ambas costuras hacia la misma tela.

Step 5: Pair the HSTs. Take the 2 (two) HSTs and place them right sides together, ensuring that opposite colors are aligned (the seam will nest neatly). Check that the seam allowances are nested properly with 1 (one) seam facing up and the other down.

Paso 5: Empareje los triángulos de medio cuadrado (TMC). Tomar los 2 (dos) TMC y colocarlos con los lados derechos juntos, asegurándose de que los colores opuestos estén alineados (la costura encajará perfectamente). Verifique que los márgenes de costura estén encajados correctamente con 1 (una) costura hacia arriba y la otra hacia abajo.

Step 6: Mark and sew. Draw a diagonal line perpendicular to the seam (at a 90-degree angle to the existing seam). Sew a ¼" seam on each side of the drawn line.

Paso 6: Marcar y coser. Dibuja una línea diagonal perpendicular a la costura (en un ángulo de 90 grados con respecto a la costura existente). Cose una costura de ¼" a cada lado de la línea dibujada.

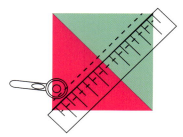 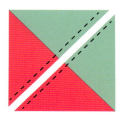  

Step 7: Cut and press. Cut along the drawn diagonal line to separate the units. Open and press the seams to reveal 2 (two) identical quarter square triangle blocks.

Paso 7: Cortar y presionar. Cortar a lo largo de la línea diagonal dibujada para separar las unidades. Abrir y presionar las costuras para revelar 2 (dos) bloques triangulares idénticos de un cuarto de cuadrado.

Step 8: Check that the blocks are accurate. The center point of your block should be half of the unfinished block size. For a 9½" block, the center point will be at 4¾" from each edge. Use the ruler to find the center point and align it with the intersection of the seams in the middle of the block.

Paso 8: Verificar que los bloques sean precisos. El punto central del bloque debe ser la mitad del tamaño del bloque sin terminar. Para un bloque de 9½", su punto central estará a 4¾" de cada borde. Usar la regla para encontrar el punto central y alinearlo con la intersección de las costuras en el medio del bloque.

Step 9: Check the diagonal lines and trim the blocks. Ensure that the diagonals of the block are at 45 degrees in the corners. Most quilting rulers have a 45-degree line marked on them. Place your ruler on the block, ensuring the center point is aligned at 4¾". Make sure the 45-degree line on the ruler runs along 1 (one) of the diagonal seams. Trim all 4 (four) sides, adjusting as needed, to get a clean, square block with correct angles.

Paso 9: Comprobar las líneas diagonales y recortar los bloques. Asegurarse de que las diagonales del bloque esten a 45 grados en las esquinas. La mayoría de las reglas para el patchwork tienen marcada una línea de 45 grados. Colocar la regla en el bloque, asegurarse de que el punto central esté alineado a 4¾". Asegurarse de que la línea de 45 grados de la regla corra a lo largo de 1 (una) de las costuras diagonales. Recorte los 4 (cuatro) lados, ajustándolos según sea necesario, para obtener un bloque cuadrado limpio con ángulos correctos.

Flying Geese Block

The Flying Geese block is a popular quilt block known for its distinctive triangular shape that resembles a flock of geese flying in formation. The block typically consists of one large triangle (the goose) flanked by two smaller triangles (the sky).

A standard Flying Geese unit often measures 2:1 in height and width (e.g., finished size could be 3" x 6" or any proportional size). The geese can be oriented in various directions, creating different visual effects in a quilt layout.

You can use different colors for the geese and sky to create striking contrasts or patterns. By rotating the Flying Geese, you can create patterns like borders, stars, or even intricate quilt designs. Flying Geese are often used as borders for quilts, or they can be arranged in various designs, such as chevrons, zigzags, or complex star patterns.

The Flying Geese block is versatile, offering endless creative possibilities in quilt design. It's a favorite among quilters for its elegance and the visual movement it adds to quilts.

Bloque del vuelo de la oca

El bloque del vuelo de la oca es un bloque de quilt popular, conocido por su forma triangular distintiva que semeja a un grupo de gansos volando en formación. El bloque suele consistir en un triángulo grande (el ganso) volando por dos triángulos más pequeños (el cielo).

Una unidad estándar del vuelo de la oca suele medir en una proporción de 2:1 en altura y ancho (por ejemplo, un tamaño terminado podría ser 3" x 6" o cualquier tamaño proporcional). Los gansos se pueden orientar en varias direcciones, creando diferentes efectos visuales en el diseño del quilt.

Puedes usar diferentes colores para los gansos y el cielo para crear contrastes o patrones llamativos. Al rotar el bloque del vuelo de la oca, puedes crear patrones como bordes, estrellas o incluso diseños de quilts complejos. El bloque del vuelo de la oca se utiliza a menudo como bordes para quilts o se pueden organizar en varios diseños, como chevrones, zigzags o patrones de estrellas complejos.

El bloque del vuelo de la oca es versátil, ofreciendo infinitas posibilidades creativas en el diseño de quilts. Es un favorito entre los quilters por su elegancia y el movimiento visual que añade a los quilts.

A quilt block featuring Flying Geese units—versatile triangular shapes that add movement and direction to your design.

Un bloque de quilt con unidades del vuelo de la oca—formas triangulares versátiles que aportan movimiento y dirección al diseño

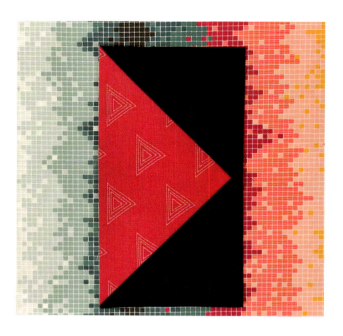

STEP-BY-STEP INSTRUCTIONS (BLOCK SIZE 5″ X 9½″ UNFINISHED)
INSTRUCCIONES PASO A PASO (TAMAÑO DEL BLOQUE ES 5″ X 9½″ SIN TERMINAR)

5" squares
Cuadrados de 5"

Step 1: Cut 1 (one) rectangle of Color A measuring 5" x 9½". Cut 2 (two) squares of Color B measuring 5" x 5" (these will create the top triangles).

Paso 1: Cortar 1 (un) rectángulo de Color A que mida 5" x 9½". Cortar 2 (dos) cuadrados de Color B que midan 5" x 5" (estos formarán los triángulos superiores).

Step 2: On the wrong side of each Color B square, draw a diagonal line from 1 (one) corner to the opposite corner.

Paso 2: En el lado incorrecto de cada cuadrado de Color B, dibujar 1 (una) línea diagonal desde una esquina hasta la esquina opuesta.

Step 3: Place the Color A rectangle (5" x 9½") horizontally on your work surface. Take 1 (one) of the Color B squares (5" x 5") and place it right sides together at 1 (one) end of the Color A square, aligning the top corner of the Color B square with the top corner of the Color A square. Make sure the drawn diagonal line is running from the top corner to the bottom corner.

Paso 3: Colocar el rectángulo de Color A (5" x 9½") en posición horizontal sobre la superficie de trabajo. Tomar 1 (uno) de los cuadrados de Color B (5" x 5") y colocarlo con los lados derechos juntos en 1 (un) extremo del rectángulo de Color A, alineando la esquina superior del cuadrado de Color B con la esquina superior del rectángulo de Color A. Asegurarse de que la línea diagonal dibujada vaya desde la esquina superior hasta la esquina inferior.

Step 4: Sew along the diagonal line you drew on the Color B square.

Paso 4: Coser a lo largo de la línea diagonal dibujada n el cuadrado de Color B.

Step 5: Flip the Color B triangle over the Color A rectangle.

Paso 5: Voltear el triángulo de Color B sobre el rectángulo de Color A.

Step 6: Press the seam allowance toward Color B. Take the second Color B square and repeat the process on the opposite end of the Color A rectangle. Align it so the diagonal line runs from the top corner down to the bottom corner.

Paso 6: Planchar el margen de costura hacia el Color B. Tomar el segundo cuadrado de Color B y repetir el proceso en el extremo opuesto del rectángulo de Color A. Alinear para que la línea diagonal vaya desde la esquina superior hasta la esquina inferior.

Step 7: Sew along the diagonal line.

Paso 7: Coser a lo largo de la línea diagonal.

Step 8: Flip the triangle over the Color A rectangle.

Paso 8: Voltear el triángulo sobre el rectángulo de Color A.

Step 9: Press the seam allowance toward Color B. There will be some extra fabric from Color B hanging over the edge. Ensure that the finished Flying Geese block measures 9½" wide by 5" tall. Trim if necessary. Give the completed block a final press with your iron to ensure all seams are flat and the block is smooth.

Paso 9: Planchar el margen de costura hacia el Color B. Habrá un poco de tela extra del Color B que sobresalga por el borde. Asegúrate de que el bloque terminado del vuelo de la oca mida 9½" de ancho por 5" de alto. Recorta si es necesario. Da una última planchada al bloque completo para asegurarte de que todas las costuras estén planas y el bloque quede liso.

Log Cabin Block

In quilting, the Log Cabin block is a classic and versatile design that features a central square surrounded by successively wider strips or "logs." The block begins with a small square in the center, often referred to as the "heart" of the block. This square can be a solid color, a print, or any fabric of choice.

The strips, or "logs," are added one at a time, are usually of varying widths, can be cut from different fabrics. They are sewn onto the central square in a specific order, typically in a clockwise or counterclockwise direction.

The Log Cabin block can be arranged in several ways, depending on how the logs are placed:

- **Traditional:** Logs are sewn in a consistent order, creating a symmetrical pattern.
- **Courthouse Steps:** Logs are added in a staggered manner, creating a stepped effect.
- **Half Log Cabin:** Only one side of the block has logs, giving it a distinct look.

The color placement in Log Cabin blocks can vary widely:

- **Light and Dark:** Alternating between light and dark fabrics can create a striking contrast, often used to form a "barn raising" or "log cabin" effect.
- **Color Gradients:** Using fabrics in a gradient or ombré effect can produce a smooth transition from light to dark or vice versa.

There are numerous variations of the Log Cabin block, including:

- **Straight Log Cabin:** Where logs are added in straight lines.
- **Improv Log Cabin:** Where the logs are added in a more freeform or improvisational style.

The Log Cabin block is highly versatile and can be adapted to various fabric choices, color schemes, and quilting styles. This block has historical significance in quilting, often representing a symbol of home and comfort. It's relatively simple to construct, making it a favorite for both beginners and experienced quilters.

Bloque de cabaña de troncos

En quilting, un cuadro de cabaña de troncos es un diseño clásico y versátil que presenta un cuadrado central rodeado por tiras o "troncos" sucesivamente más anchos. El cuadro comienza con un pequeño cuadrado en el centro, comúnmente mencionado como el "corazón" del bloque. Este cuadrado puede ser de un color sólido, un estampado o cualquier tela de su elección.

Las tiras, o "troncos", se añaden una a la vez, generalmente tienen distintos anchos y se pueden cortar de diferentes telas. Se cosen en el cuadrado central en un orden específico, generalmente en el sentido de las agujas del reloj o en el sentido contrario a las agujas del reloj.

El bloque de cabaña de troncos se puede organizar de varias maneras, dependiendo de cómo se coloquen los troncos:

- **Tradicional:** Los troncos se cosen en un orden constante, creando un patrón simétrico.
- **Pasos del juzgado:** Los troncos se agregan de manera escalonada, creando un efecto escalonado.
- **Cabaña de medio tronco:** Solo un lado del bloque tiene troncos, lo que le da un aspecto distintivo.

La ubicación del color en los cuadros de cabañas de madera puede variar ampliamente:

- **Claro y oscuro:** Alternar entre telas claras y oscuras puede crear un contraste sorprendente, que a menudo se usa para formar un efecto de "levantamiento de granero" o "cabaña de troncos".
- **Degradados de color:** El uso de telas con un efecto degradado u ombré puede producir una transición suave de claro a oscuro o viceversa.

Existen numerosas variaciones del bloque de cabaña de madera, que incluyen:

- **Cabaña de troncos rectos:** Donde los troncos se agregan en líneas rectas.
- **Cabaña improvisada:** Donde los registros se agregan en un estilo más libre o de improvisación.

El cuadro de cabaña de troncos es muy versátil y se puede adaptar a diversas opciones de telas, combinaciones de colores y estilos de acolchado. Este cuadro tiene un significado histórico en el acolchado y a menudo representa un símbolo de hogar y comodidad. Es relativamente sencillo de construir, lo que lo convierte en el favorito tanto de principiantes como de quilters experimentados.

STEP-BY-STEP INSTRUCTIONS (BLOCK SIZE 18½" UNFINISHED)
INSTRUCCIONES PASO A PASO (TAMAÑO DEL BLOQUE ES 18½" SIN TERMINAR)

LOG CABIN BLOCK CUTTING INSTRUCTIONS:

- **Center Block:** Cut 1 (one) square measuring 6½".
- **First Round:** Cut 1 (one) strip measuring 2½" x 6½".
- **Second Round:** Cut 2 (two) strips measuring 2½" x 8½".
- **Third Round:** Cut 2 (two) strips measuring 2½" x 10½".
- **Fourth Round:** Cut 2 (two) strips measuring 2½" x 12½".
- **Fifth Round:** Cut 2 (two) strips measuring 2½" x 14½".
- **Sixth Round:** Cut 2 (two) strips measuring 2½" x 16½".
- **Final Round:** Cut 1 (one) strip measuring 2½" x 18½".

INSTRUCCIONES PARA CORTAR BLOQUES DE CABAÑAS DE TRONCOS:

- **Bloque central:** Corte 1 (un) cuadrado que mida 6½".
- **Primera ronda:** Cortar 1 (una) tira que mida 2½" x 6½".
- **Segunda ronda:** Cortar 2 (dos) tiras que midan 2½" x 8½".
- **Tercera ronda:** Cortar 2 (dos) tiras que midan 2½" x 10½".
- **Cuarta ronda:** Corte 2 (dos) tiras que midan 2½" x 12½".
- **Quinta ronda:** Cortar 2 (dos) tiras que midan 2½" x 14½".
- **Sexta ronda:** Cortar 2 (dos) tiras que midan 2½" x 16½".
- **Ronda final:** Cortar 1 (una) tira que mida 2½" x 18½".

2 ½" x 6 ½"

6 ½" x 6 ½"

Sew with ¼" seam allowance.
Coser con un margen de costura de ¼".

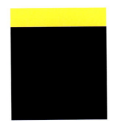

Step 1: Begin with the center block. Start by sewing the 2½" x 6½" strip to the top side of the 6½" x 6½" center block. Press the seam toward the strip.

Paso 1: Comenzar con el cuadro central. Comenzar cosiendo la tira de 2½" x 6½" en la parte superior del cuadro central de 6½" x 6½". Planchar la costura hacia la tira.

2½" x 8½"

2½" x 8½"

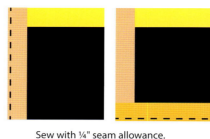

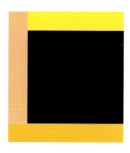

Sew with ¼" seam allowance.
Coser con un margen de costura de ¼".

Step 2: Add the first pair of strips. Sew 1 (one) 2½" x 8½" strip to the left side of the center block. Press the seam toward the strip. Sew the second 2½" x 8½" strip to the bottom side of the block. Press the seam toward the strip.

Paso 2: Agregar el primer par de tiras. Coser 1 (una) tira de 2½" x 8½" en el lado izquierdo del cuadro central. Planchar la costura hacia la tira. Coser la segunda tira de 2½" x 8½" en la parte inferior del bloque. Planchar la costura hacia la tira.

Step 3: Continue building the Log Cabin counterclockwise. Sew the 2½" x 10½" strip to the right side of the block. Press the seam toward the strip. Sew the next 2½" x 12½" strip to the top side. Press the seam toward the strip.

Paso 3: Continúe construyendo la cabaña de troncos en el sentido contrario a las agujas del reloj. Coser la tira de 2½" x 10½" al lado derecho del bloque. Planchar la costura hacia la tira. Coser la siguiente tira de 2½" x 12½" en la parte superior. Planchar la costura hacia la tira.

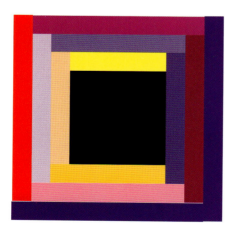

Step 4: Continue sewing the remaining strips in a counterclockwise direction, adding them in the following order:
- 2½" x 12½" strip to the left side
- 2½" x 14½" strip to the bottom side
- 2½" x 14½" strip to the right side
- 2½" x 16½" strip to the top side
- 2½" x 16½" strip to the left side

Finish with the final strip. Sew the 2½" x 18½" strip to the bottom side of the block. Press the seam toward the strip.

Paso 4: Continúe cosiendo las tiras restantes en en el sentido contrario a las agujas del reloj, agregando en el siguiente orden:
- Tira de 2½" x 12½" hacia el lado izquierdo
- Tira de 2½" x 14½" hacia el lado inferior
- Tira de 2½" x 14½" hacia el lado derecho
- Tira de 2½" x 16½" hacia el lado superior
- Tira de 2½" x 16½" hacia el lado izquierdo

Terminar con la tira final. Coser la tira de 2½" x 18½" en la parte inferior del cuadrado. Planchar la costura hacia la tira.

Basic Quilt Block Settings

By experimenting with these basic settings, you can create a variety of quilt designs. Each arrangement offers a unique aesthetic and can be customized with different fabrics and block patterns.

SIDE BY SIDE

This is the simplest and most common way to arrange quilt blocks.

1. Lay your quilt blocks in a grid pattern, placing them side by side.
2. Arrange blocks in rows, ensuring that each block aligns correctly with its neighbors.
3. Sew the blocks together row by row, using a consistent seam allowance, usually ¼".
4. Once the rows are complete, sew them together to form the quilt top.
5. Ensure seam allowances are consistent to keep the blocks aligned.
6. Press seams to one side or open, depending on preference and the pattern.

LINKING BLOCKS

Linking blocks involve adding additional elements (sashing or connecting pieces) between the main blocks to create a cohesive design.

1. Cut strips of fabric (sashing) to place between the quilt blocks.
2. Sew sashing strips between blocks in each row.
3. Sew sashing strips between the rows.
4. Sew the sashing to the blocks, then assemble the rows and columns.
5. Ensure sashing strips are cut to the correct size to maintain block alignment.

ALTERNATING BLOCKS

Alternating blocks involve using two different blocks in a checkerboard or alternating pattern.

1. Choose two different quilt blocks or one block and an alternating plain or simple block (e.g., a solid square).
2. Arrange the blocks in a checkerboard pattern, alternating between the two designs.
3. Sew the blocks together row by row, maintaining the alternating pattern.
4. Ensure the alternating pattern is consistent across the quilt top.

Configuraciones básicas de los bloques de un quilt

Al experimentar con estas configuraciones básicas, puede crear una variedad de diseños de colchas. Cada arreglo ofrece una estética única y se puede personalizar con diferentes telas y patrones de bloques.

LADO A LADO

Esta es la forma más sencilla y común de organizar bloques de quilt.

1. Colocar los bloques de quilt en forma de cuadrícula, colocando uno al lado del otro.
2. Organizar los bloques en filas, asegurándose de que cada bloque se alinee correctamente con sus vecinos.
3. Coser los bloques fila por fila, utilizando un margen de costura constante, generalmente ¼".
4. Una vez que las filas estén completas, coserlas para formar la parte superior del quilt.
5. Asegurar que los márgenes de costura sean consistentes para mantener los bloques alineados.
6. Planchar las costuras hacia un lado o abrirlas, según la preferencia o como indique el patrón.

VINCULAR BLOQUES

Vincular bloques implica agregar elementos adicionales (marcos o piezas de conexión) entre los bloques principales para crear un diseño cohesivo.

1. Cortar tiras de tela (faja) para colocarlas entre los bloques.
2. Coser tiras de faja entre los bloques de cada fila.
3. Coser tiras de faja entre las filas.
4. Coser la faja a los bloques, luego ensamblar las filas y columnas.
5. Es importante que las tiras de marco se corten al tamaño correcto para mantener la alineación del bloque.

ALTERNANDO BLOQUES

Alternando bloques implica el uso de dos bloques diferentes en un tablero de ajedrez o en un patrón alterno.

1. Elegir dos bloques de quilt diferentes o un bloque y un bloque liso o simple alterno (por ejemplo, un cuadrado sólido).
2. Organizar los bloques en un patrón de tablero de ajedrez, alternando entre los dos diseños.
3. Coser los bloques fila por fila, manteniendo el patrón alterno.
4. Asegurar que el patrón alterno sea consistente en la parte superior de la colcha.

Finishing Your Quilts
Terminando tus quilts

The finishing touches on a quilt bring together all the work and creativity invested in the project, turning it into a complete and beautiful piece. Finishing involves securing the layers, adding binding, and sometimes embellishing with decorative stitches or details. In this section, we'll explore the essential steps and tools you need to complete your quilt with a professional and polished look that will last for years.

Quilt Sizes

When selecting or making a quilt, it's important to consider the dimensions of the intended use. For example, a larger quilt may be preferred for a king-sized bed to ensure it covers the mattress completely and drapes gracefully, while a smaller quilt might be suitable for a baby crib or as a decorative piece. Understanding these common sizes helps quilters plan their projects and ensures that the finished quilt meets practical needs and aesthetic preferences. Here's a breakdown of common quilt sizes and their typical uses:

WALL HANGING

These quilts are used for decorative purposes, often hung on walls. They can be smaller in size and are crafted to display artistic designs and quilting techniques.
Dimensions: Varies widely, typically from 24" x 24" to 60" x 80"

BABY QUILT

Designed for infants, these quilts are small and manageable, often used as crib blankets or for playtime. They provide a cozy and soft layer for babies and can be a cherished keepsake.
Dimensions: 36" x 36" to 45" x 45"

CRIB QUILT

Specifically made for crib-sized beds, this quilt fits perfectly in a crib and offers comfort and warmth for infants.
Dimensions: 36" x 52"

Los toques finales en un quilt unen todo el trabajo y la creatividad invertidos en el proyecto, convirtiéndolo en una pieza completa y hermosa. El acabado incluye asegurar las capas, agregar el bies y, a veces, embellecer con puntadas decorativas o detalles adicionales. En esta sección, exploraremos los pasos y herramientas esenciales que necesitas para completar tu quilt con un acabado profesional y pulido que durará muchos años.

Tamaños de quilts

Al seleccionar o hacer un quilt, es importante considerar las dimensiones del uso previsto. Por ejemplo, se puede preferir un quilt más grande para una cama tamaño king para asegurarse de que cubra completamente el colchón y caiga con elegancia, mientras que un quilt más pequeño podría ser adecuado para una cuna de bebé o como pieza decorativa. Comprender estos tamaños comunes ayuda a los quilters a planificar sus proyectos y asegura que el quilt terminado cumpla con las necesidades prácticas y las preferencias estéticas. Aquí tienes un desglose de los tamaños de quilts más comunes y sus usos típicos:

COLGANTE DE PARED

Estos quilts se utilizan con fines decorativos, a menudo colgados en paredes. Pueden ser más pequeños y están elaborados para exhibir diseños artísticos y técnicas de quilting.
Dimensiones: Varían ampliamente, típicamente de 24" x 24" a 60" x 80"

QUILT PARA BEBÉ

Diseñados para bebés, estos quilts son pequeños y manejables, a menudo utilizados como mantas para cuna o para jugar. Proporcionan una capa acogedora y suave para los bebés y pueden ser un recuerdo atesorado.
Dimensiones: 36" x 36" a 45" x 45"

QUILT PARA CUNAS

Hecho específicamente para camas de tamaño cuna, este quilt se ajusta perfectamente en una cuna y ofrece comodidad y calidez para los bebés.
Dimensiones: 36" x 52"

LAP QUILT

Sized to drape over a lap or the back of a chair, lap quilts are ideal for warmth and comfort while lounging. They are also often used as decorative throws.
Dimensions: 45" x 60" to 60" x 72"

TWIN QUILT

Designed to fit a twin-sized bed, this quilt is long enough to cover the mattress and hang over the sides slightly. It's suitable for children's or guest beds.
Dimensions: 66" x 90"

FULL/DOUBLE QUILT

This size covers a full- or double-sized bed, providing ample coverage for two people. It usually hangs over the edges of the mattress and can be used in master bedrooms or guest rooms.
Dimensions: 80" x 90"

QUEEN QUILT

Meant for a queen-sized bed, this quilt offers generous coverage, draping well over the sides and end of the mattress. It adds both warmth and style to a queen-sized bed.
Dimensions: 90" x 95" to 96" x 105"

KING QUILT

Designed for king-sized beds, these large quilts ensure full coverage and a luxurious drape. They provide warmth and an elegant look to a king-sized bed.
Dimensions: 105" x 95" to 110" x 120"

QUILT PARA SOFÁS

Diseñados para cubrir las piernas o el respaldo de una silla, los quilts para sofás son ideales para brindar calor y comodidad mientras te relajas. También se utilizan a menudo como mantas decorativas.
Dimensiones: 45" x 60" a 60" x 72"

QUILT INDIVIDUAL

Diseñado para ajustarse a una cama individual, este quilt es lo suficientemente largo para cubrir el colchón y colgar ligeramente por los lados. Es adecuado para camas de niños o de invitados.
Dimensiones: 66" x 90"

QUILT DOBLE

Este tamaño cubre una cama de tamaño completo o doble, proporcionando suficiente cobertura para dos personas. Generalmente cuelga por los bordes del colchón y puede usarse en dormitorios principales o en habitaciones de invitados.
Dimensiones: 80" x 90"

QUILT *QUEEN*

Diseñado para una cama tamaño *queen*, este quilt ofrece una cobertura generosa, cayendo bien por los lados y el extremo del colchón. Añade tanto calidez como estilo a una cama tamaño *queen*.
Dimensiones: 90" x 95" a 96" x 105"

QUILT *KING*

Diseñados para camas tamaño *king*, estos grandes quilts aseguran una cobertura completa y una caída lujosa. Proporcionan calidez y un aspecto elegante a una cama tamaño *king*.
Dimensiones: 105" x 95" a 110" x 120"

Quilting Your Quilts

Quilting the quilt top involves securing the quilt layers (top, batting, and backing) together. There are several methods to achieve this, including hand quilting, tying, machine quilting, and free-motion quilting. By exploring these quilting methods, you can find the one that best suits your style and project. Each technique offers unique possibilities, allowing you to create beautiful, finished quilts.

GENERAL TIPS FOR ALL QUILTING METHODS

No matter which quilting method you choose, there are essential tips that apply across the board. These general guidelines will help you work more efficiently, improve accuracy, and ensure your quilting experience is both enjoyable and successful.

Acolchando tus quilts

Acolchar la parte superior del quilt implica asegurar las capas del quilt (parte superior, punzonado/guata y parte posterior) juntas. Existen varios métodos para lograrlo, incluido el acolchado a mano, el atado, el acolchado a máquina y el acolchado con movimiento libre. Al explorar estos métodos de acolchado, podrás encontrar el que mejor se adapte a tu estilo y proyecto. Cada técnica ofrece posibilidades únicas, permitiendo crear quilts hermosos y terminados.

CONSEJOS GENERALES PARA TODOS LOS MÉTODOS DE ACOLCHADO

No importa qué método de acolchado elijas, hay consejos esenciales que se aplican a todos por igual. Estas recomendaciones generales te ayudarán a trabajar con mayor eficiencia, mejorar la precisión y disfrutar más del proceso mientras obtienes excelentes resultados.

Basting: Properly baste the quilt layers to prevent shifting during quilting.

Hilvanado: Hilvanar adecuadamente las capas del quilt para evitar que se muevan durante el acolchado.

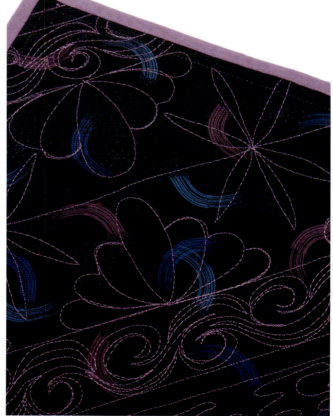

Quilting Plan: Plan your quilting design before starting to ensure a cohesive look.

Plan de acolchado: planifique su diseño de acolchado antes de comenzar para garantizar una apariencia cohesiva.

Practice: Practice on small pieces to refine the technique and build confidence.

Práctica: Practicar con piezas pequeñas para perfeccionar la técnica y desarrollar confianza.

Marking: Use fabric-safe markers or chalk to mark quilting lines or designs on the quilt top.

Marcado: Utilizar tiza o marcadores aptos para telas para marcar líneas o diseños de acolchado en la parte superior del edredón.

HAND QUILTING

Hand quilting is a traditional and rewarding technique that involves stitching the quilt layers together by hand using a needle and thread. This method allows for exquisite detail, control, and a personal touch that machine quilting often can't replicate. In this section, you'll learn the basics of hand quilting, including tools, stitches, and tips to help you create beautiful, precise quilting by hand.

1. **Prepare Your Quilt Sandwich.** Lay out the quilt top, batting, and backing fabric smoothly, and baste the layers together using safety pins or basting stitches. Use plenty of pins to keep layers from shifting, especially around the edges and corners.
2. **Place Your Quilt in the Quilting Hoop.** Loosen the hoop and place a section of the quilt sandwich between the inner and outer rings. Tighten the hoop so the fabric is taut but not stretched. Adjust the hoop often to keep your quilting area taut and comfortable to work on.

ACOLCHADO A MANO

El acolchado a mano es una técnica tradicional y gratificante que consiste en unir las capas del quilt cosiéndolas a mano con aguja e hilo. Este método permite lograr detalles exquisitos, mayor control y un toque personal que muchas veces el acolchado a máquina no puede replicar. En esta sección, aprenderás los conceptos básicos del acolchado a mano, incluyendo las herramientas, puntadas y consejos para crear un acolchado hermoso y preciso a mano.

1. **Preparar el sándwich de quilt.** Colocar el top del quilt, la guata y la tela de respaldo estirados y une las capas con alfileres de seguridad o puntadas temporales. Usa muchos alfileres para evitar que las capas se muevan, especialmente en los bordes y las esquinas.
2. **Colocar el quilt en el aro para acolchado.** Afloja el aro y coloca una sección del sándwich de quilt entre los aros interior y exterior. Ajusta el aro para que la tela quede tensa pero no estirada. Ajustar el aro frecuentemente para mantener la zona de acolchado tensa y cómoda para trabajar.

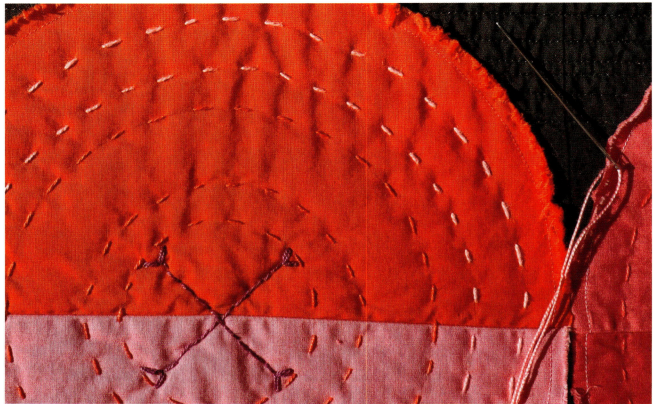

Handquilting adds a personal, detailed touch by stitching through all quilt layers using a needle and thread.

El quilting a mano aporta un toque personal y detallado al unir todas las capas del quilt con aguja e hilo.

3. **Thread Your Needle.** Use a quilting needle and thread suitable for hand quilting. Thread about 18"–24" of thread to avoid tangling. Use a thread conditioner like beeswax to prevent tangling and strengthen the thread.

4. **Knot the Thread.** Tie a small knot at the end of your thread to secure it. Make a tight knot to avoid it slipping through the fabric but keep it small to avoid bulky spots.

5. **Start Stitching.** Begin from the back of the quilt, pushing the needle through all layers close to the edge of your quilt design or block. Start in a less visible area to hide any thread tails.

6. **Use the Running Stitch.** Sew small, even stitches (about 6–8 stitches per inch) following the quilting design or pattern. Practice your stitch length on scrap fabric before working on your quilt.

7. **Maintain Tension.** Keep the thread taut but not too tight to avoid puckering the fabric. Relax your hands and wrists to sew smoothly and evenly.

3. **Enhebrar la aguja.** Usar una aguja para acolchado y un hilo adecuado para coser a mano. Enhebra unos 18–24 pulgadas para evitar que se enrede. Usa un acondicionador de hilo como cera de abejas para evitar enredos y fortalecer el hilo.

4. **Hacer un nudo en el hilo.** Atar un pequeño nudo al final del hilo para asegurar. Hacer un nudo firme para que no se deslice, pero pequeño para evitar bultos.

5. **Iniciar a coser.** Iniciar desde la parte trasera del quilt, pasando la aguja por todas las capas cerca del borde del diseño o bloque del quilt. Iniciar en una zona menos visible para esconder los extremos del hilo.

6. **Usar la puntada corrida.** Coser puntadas pequeñas y uniformes (unas 6-8 puntadas por pulgada) siguiendo el diseño o patrón del acolchado. Practica la longitud de las puntadas en un retazo antes de trabajar en el quilt.

7. **Mantener la tensión.** Mantener el hilo tenso pero no demasiado apretado para evitar que la tela se arrugue. Relajar las manos y muñecas para coser de forma suave y uniforme.

8. **Secure the End.** When finished, knot the thread on the backside of the quilt and trim the excess thread. Tie several small knots close to the fabric to ensure the thread won't come undone.

9. **Move the Hoop as Needed.** Once you finish quilting the area inside the hoop, loosen it, move it to the next section, and re-tighten to keep working comfortably. Keep your quilting motion smooth and consistent by repositioning the hoop regularly.

10. **Continue Quilting.** Repeat these steps across your quilt until all areas are quilted. Take breaks to rest your hands and avoid fatigue, especially on larger projects.

TYING

Tying is a quick and simple method where you tie knots at regular intervals to hold the quilt layers together.

1. Prepare the quilt sandwich. Layer and baste the quilt top, batting, and backing.
2. Use a strong thread, such as embroidery floss or pearl cotton, and a large needle. Choose a thread color that complements or contrasts with your quilt design.

8. **Asegurar el final.** Cuando termines, haz un nudo en la parte trasera del quilt y corta el exceso de hilo. Ata varios nudos pequeños cerca de la tela para asegurar que el hilo no se desate.

9. **Mover el aro según sea necesario.** Cuando termines de acolchar el área dentro del aro, aflójalo, muévelo a la siguiente sección y vuelve a tensar para seguir trabajando cómodamente. Mantén un movimiento suave y constante al acolchar reposicionando el aro regularmente.

10. **Continuar acolchando.** Repetir estos pasos en todo el quilt hasta que todas las áreas estén acolchadas. Hacer pausas para descansar las manos y evitar fatiga, especialmente en proyectos grandes.

EL ATADO

Atar es un método rápido y sencillo en el que se hacen nudos a intervalos regulares para mantener juntas las capas de la colcha.

1. Prepare el sándwich del quilt. Coloque capas sobre la parte superior, la guata y el respaldo de la colcha. Húndelos con imperdibles, spray para hilvanar o puntadas grandes para hilvanar.
2. Utilice un hilo fuerte, como hilo de bordar o algodón perlado, y una aguja grande. Elija un color de hilo que complemente o contraste con el diseño de su colcha.

A tied quilt featuring delicate embroidery, combining secure quilting ties with decorative stitching for both function and beauty.

Un quilt atado con delicados bordados, que combina los nudos de sujeción con puntadas decorativas para funcionalidad y belleza.

3. Insert the needle through all layers at regular intervals (e.g., every 4"–6"). Pull the thread through and tie a knot on the top of the quilt. Trim the thread, leaving short tails.
4. Ensure ties are evenly spaced to keep the quilt layers secure.

MACHINE QUILTING

Machine quilting uses a sewing machine to stitch the quilt layers together. It's faster than hand quilting and offers various design possibilities.

1. Prepare the quilt sandwich. Layer and baste the quilt top, batting, and backing.
2. Use a walking foot (even-feed foot) on your sewing machine to help feed the layers evenly.
3. Sew straight or gently curved lines across the quilt. Common patterns include grids, cross-hatching, or stitch-in-the-ditch (stitching in the seam lines).
4. Practice maintaining even stitch length for a professional look.

3. Insertar la aguja a través de todas las capas a intervalos regulares (por ejemplo, cada 4" a 6"). Pasa el hilo y haz un nudo en la parte superior de la colcha. Recorta el hilo, dejando colas cortas.
4. Asegurarse de que los hilos estén a distancia uniforme para mantener seguras las capas de la colcha.

ACOLCHADO A MÁQUINA

El acolchado a máquina utiliza una máquina de coser para unir las capas del quilt. Es más rápido que acolchar a mano y ofrece varias posibilidades de diseño.

1. Prepare el sándwich del quilt. Colocar las capas e hilvane la parte superior, la guata y la parte posterior del quilt.
2. Utilizar un pie móvil (pie de avance uniforme) en su máquina de coser para ayudar a alimentar las capas de manera uniforme.
3. Coser líneas rectas o curvas suaves a lo largo del quilt. Los patrones comunes incluyen cuadrículas, rayado cruzado o costura en la zanja (coser en las líneas de costura).
4. Practique mantener una longitud de puntada uniforme para lograr una apariencia profesional.

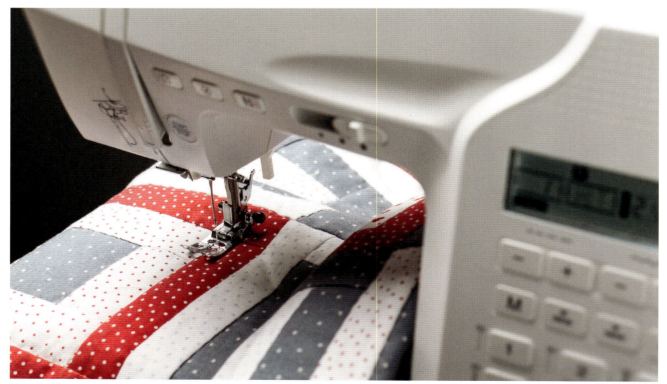

Machine quilting provides fast, even stitching to secure quilt layers and enhance the design with precise patterns.

El acochaldo a máquina ofrece puntadas rápidas y uniformes para unir las capas del quilt y realzar el diseño con patrones precisos.

FREE-MOTION QUILTING

Free-motion quilting allows for more creative and intricate designs using a sewing machine.

1. Prepare the quilt sandwich. Layer and baste the quilt top, batting, and backing.
2. Attach a darning or free-motion quilting foot to the sewing machine.
3. Lower the feed dogs on the sewing machine to allow for free movement of the quilt.
4. Move the quilt sandwich manually under the needle to create various designs, such as stippling, meandering, or custom patterns. Use quilting gloves to improve grip and control while moving the quilt.
5. Maintain a consistent speed with the machine and hand movements for even stitches.

ACOLCHADO CON MOVIMIENTO LIBRE

El acolchado con movimiento libre permite diseños más creativos y complejos utilizando una máquina de coser.

1. Prepare el sándwich del quilt. Colocar las capas sobre la parte superior, la guata y el respaldo del quilt. Uniendolos con ganchos, spray para hilvanar o puntadas grandes para hilvanar.
2. Conectar un pie para bordar o para acolchado de movimiento libre a la máquina de coser.
3. Bajar los dientes de arrastre de la máquina de coser para permitir el libre movimiento de la colcha.
4. Mover el sándwich de colcha manualmente debajo de la aguja para crear varios diseños, como punteados, meandros o patrones personalizados. Utilice guantes para acolchar para mejorar el agarre y el control mientras mueve la quilt.
5. Mantener una velocidad constante con la máquina y los movimientos a mano para obtener puntadas uniformes.

Speed control on a sewing machine allows you to adjust stitching pace, offering better control for both beginners and intricate quilting techniques.

Free motion quilting allows you to stitch in any direction by lowering the feed dogs, giving you creative freedom to draw designs with thread.

El control de velocidad en la máquina de coser te permite ajustar el ritmo de costura, brindando mayor control tanto para principiantes como para técnicas de acochaldo detalladas.

El acochaldo con movimiento libre te permite coser en cualquier dirección al bajar los dientes de arrastre, brindándote libertad creativa para dibujar diseños con hilo.

Steps to Apply Binding

Applying binding is one of the final and most important steps in finishing a quilt. Binding not only secures the edges, preventing fraying and wear, but also adds a polished and decorative frame to your quilt. In this section, we will guide you through the essential steps to attach binding neatly and professionally, helping you achieve a clean, durable finish that highlights your quilt's beauty.

Pasos para aplicar el bies

Aplicar el bies es uno de los pasos finales y más importantes para terminar un quilt. El bies no solo asegura los bordes, evitando que se deshilachen o desgasten, sino que también añade un marco decorativo y pulido a tu quilt. En esta sección, te guiaremos a través de los pasos esenciales para colocar el bies de manera prolija y profesional, ayudándote a lograr un acabado limpio y duradero que realce la belleza de tu quilt.

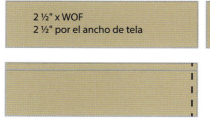

2 ½" x WOF
2 ½" por el ancho de tela

2 ½" x WOF
2 ½" por el ancho de tela

¼" seam allowance
¼" margen de costura

Step 1: Cut the binding fabric into strips 2½" wide. The length of the strips will depend on the perimeter of your quilt. Then, sew the strips together end-to-end with a ¼" seam allowance to form 1 (one) continuous length of binding.

Paso 1: Cortar la tela del binding en tiras de 2½" de ancho. La longitud de las tiras dependerá del perímetro del quilt. Luego, coser las tiras juntas extremo a extremo con una costura de ¼" de margen para formar 1 (una) longitud continua de binding.

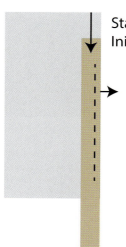

Start to sew 8"–10" from the corner.
Inicie a coser a 8"–10" de la esquina.

¼" seam allowance
¼" margen de costura

Step 2: Align the raw edge of the binding strip with the raw edge of the quilt top. Begin sewing the binding to the front of the quilt, using a ¼" seam allowance. Start sewing about 8"–10" from a corner, leaving a tail to finish later.

Paso 2: Alinear el borde sin terminar de la tira de binding con el borde sin terminar de la parte superior del quilt. Iniciar a coser el binding en la parte frontal del quilt, utilizando un margen de costura de ¼". Coser aproximadamente a 8"–10" hacia abajo de una esquina, dejando un extremo sin coser para terminarlo más adelante.

Step 3: As you approach the corner, stop sewing about ¼" from the edge of the quilt. This will be where the mitered corner will be created. Fold the binding strip away from the quilt, creating a 45-degree angle. The fold should align with the edge of the quilt and create a clean diagonal line. Press this fold down to set the angle. This will help in the next steps.

Paso 3: A medida que te acerques a la esquina, detén la costura a aproximadamente ¼" del borde de la colcha. Este será el punto donde se creará la esquina a inglete (inglete). Dobla la tira de binding alejándose del quilt, creando un ángulo de 45 grados. El pliegue debe alinearse con el borde del quilt y formar una línea diagonal limpia. Planchar este pliegue hacia abajo para fijar el ángulo. Esto facilitará los siguientes pasos.

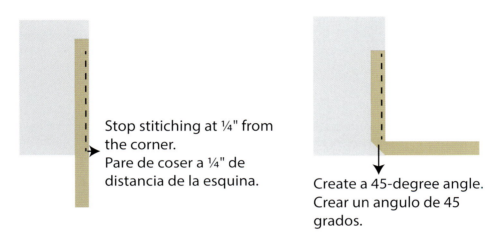

Stop stitiching at ¼" from the corner.
Pare de coser a ¼" de distancia de la esquina.

Create a 45-degree angle.
Crear un angulo de 45 grados.

Fold the binding down.
Doblar el bies hacia abajo.

Step 4: Fold the binding strip back down over the quilt edge, making sure it aligns with the next edge of the quilt. The binding should now form a straight edge along the side of the quilt. Pin or clip the binding in place along the next side.

Paso 4: Doblar la tira de binding hacia abajo sobre el borde de la colcha, asegurándose de alinear con el siguiente borde del quilt. El binding debería formar ahora un borde recto a lo largo del lado del quilt. Asegurar el binding en su lugar con alfileres o clips a lo largo del siguiente lado.

Step 5: Continue sewing the binding along the next edge, starting from where you left off and sewing all the way to the next corner, just as you did before.

Paso 5: Continuar cosiendo el binding a lo largo del siguiente borde, comenzando desde donde lo dejaste y cosiendo hasta la siguiente esquina, tal como se explicó antes.

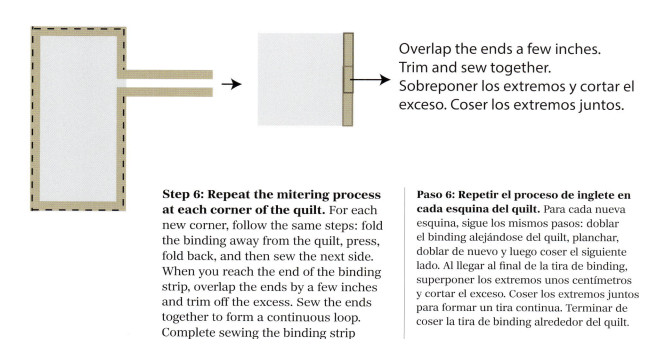

Overlap the ends a few inches. Trim and sew together. Sobreponer los extremos y cortar el exceso. Coser los extremos juntos.

Step 6: Repeat the mitering process at each corner of the quilt. For each new corner, follow the same steps: fold the binding away from the quilt, press, fold back, and then sew the next side. When you reach the end of the binding strip, overlap the ends by a few inches and trim off the excess. Sew the ends together to form a continuous loop. Complete sewing the binding strip around the quilt.

Paso 6: Repetir el proceso de inglete en cada esquina del quilt. Para cada nueva esquina, sigue los mismos pasos: doblar el binding alejándose del quilt, planchar, doblar de nuevo y luego coser el siguiente lado. Al llegar al final de la tira de binding, superponer los extremos unos centímetros y cortar el exceso. Coser los extremos juntos para formar un tira continua. Terminar de coser la tira de binding alrededor del quilt.

Step 7: Fold the binding over to the back of the quilt, covering the raw edges. The folded edge should be about ¼" from the seam line you sewed earlier. Hand-stitch or machine-stitch the binding in place on the back of the quilt. Make sure to catch the folded edge to ensure it stays securely in place.

Paso 7: Doblar el binding hacia la parte posterior del quilt, cubriendo los bordes sin terminar. El borde doblado debe quedar a aproximadamente ¼" de la línea de costura cosida. Coser a mano o a máquina el binding en su lugar en la parte posterior del quilt. Asegurarse de atrapar el borde doblado para garantizar que se mantenga bien sujeto.

Caring for Your Quilts

Quilts are more than just blankets—they are treasured works of art and heirlooms that carry memories and stories. Proper care ensures your quilts remain beautiful and intact for generations to come. In this section, we'll explore essential tips and techniques for cleaning, storing, and maintaining your quilts so they stay vibrant, soft, and durable over time.

HANDWASHING

Handwashing a quilt is a gentle and effective way to clean delicate or vintage quilts that may be damaged by machine washing. To handwash:

- Fill a clean bathtub or large basin with lukewarm water and add a mild, gentle detergent designed for delicate fabrics.
- Submerge the quilt completely and gently agitate the water by hand to help release dirt without rubbing or wringing the fabric, which can weaken the fibers.
- Let the quilt soak for about 10–15 minutes, then carefully drain the soapy water and refill with clean water to rinse.
- Repeat rinsing until no soap residue remains.
- When finished, support the quilt fully while lifting it out of the water to avoid stressing the seams and fibers.
- Lay the quilt flat on a clean towel or drying rack to air dry, away from direct sunlight to prevent fading.

Handwashing is especially appropriate for quilts made from delicate fabrics, vintage or heirloom quilts, and quilts with intricate hand stitching or embellishments that could be damaged by harsher cleaning methods.

MACHINE WASHING

Machine washing is suitable for sturdier, newer quilts. For best results, follow these guidelines:

- Use a large-capacity machine. A front-loading washer is ideal because it's gentler on the fabric.
- Wash the quilt in cold water on a gentle cycle.
- Use a mild, dye-free, and fragrance-free detergent.
- Select the gentle or delicate cycle on the washing machine.
- Use an extra rinse cycle to ensure all detergent is removed.
- Consider using color catchers to prevent color bleeding, especially for quilts with dark or bright fabrics.

Cuidando tus quilts

Los quilts son más que simples mantas—son valiosas obras de arte y herencias que guardan recuerdos e historias. Un cuidado adecuado asegura que tus quilts se mantengan hermosos e intactos para las próximas generaciones. En esta sección, exploraremos consejos y técnicas esenciales para limpiar, almacenar y conservar tus quilts, de modo que permanezcan vibrantes, suaves y duraderos con el paso del tiempo.

LAVAR A MANO

Lavar un quilt a mano es una forma suave y efectiva de limpiar quilts delicados o antiguos que podrían dañarse con el lavado a máquina. Para lavar a mano:

- Ilena una bañera limpia o un recipiente grande con agua tibia y agrega un detergente suave diseñado para telas delicadas.
- Sumerge completamente el quilt y agita el agua suavemente con las manos para ayudar a eliminar la suciedad sin frotar ni retorcer la tela, ya que esto puede debilitar las fibras.
- Deja que el quilt repose en remojo durante unos 10–15 minutos, luego vacía el agua jabonosa y vuelve a llenarla con agua limpia para enjuagar.
- Repite el enjuague hasta que no quede residuo de jabón.
- Al terminar, sostiene el quilt completamente al sacarlo del agua para evitar que se estresen las costuras y fibras.
- Extiende el quilt sobre una toalla limpia o un tendedero para que se seque al aire, evitando la luz solar directa para prevenir la decoloración.

El lavado a mano es especialmente apropiado para quilts hechos con telas delicadas, quilts antiguos o heredados, y quilts con costuras o adornos hechos a mano que podrían dañarse con métodos de limpieza más agresivos.

LAVADO A MÁQUINA

El lavado a máquina es adecuado para quilts nuevos y más resistentes. Para obtener mejores resultados, siga estas pautas:

- Utilice una máquina de gran capacidad. Una lavadora de carga frontal es ideal porque es más suave con la tela.
- Lave el quilt en agua fría en un ciclo suave.
- Utilizar un detergente suave, sin colorantes ni fragancias.
- Seleccionar el ciclo suave o delicado en la lavadora.
- Usar un ciclo de enjuague adicional para asegurarse de que se elimine todo el detergente.

**Proper folding preserves
your quilt's shape and makes
storage and transport easier.**

El plegado adecuado conserva
la forma del quilt y facilita su
almacenamiento y transporte.

- For drying, follow the same air-drying method as hand washing. If a dryer must be used, choose a low heat setting and include clean tennis balls or dryer balls to help fluff the quilt.

FOLDING YOUR QUILTS

Proper folding prevents stress and creases that can weaken the fabric over time.

1. Ensure the surface where you're folding the quilt is clean and dry.
2. Lay the quilt flat on the surface.
3. Fold the quilt in thirds lengthwise. For larger quilts, you may need to fold in quarters.
4. Fold in thirds or quarters again widthwise, depending on the quilt's size.
5. Occasionally refold the quilt in a different pattern to avoid permanent creases and wear along the folds.
6. Store quilts in a cool, dry place. Avoid plastic storage bags or bins, as they can trap moisture and lead to mildew. Instead, use cotton or muslin storage bags or pillowcases.
7. Place acid-free tissue paper between folds to help prevent creasing and protect the fabric.

- Considere usar captadores de color para evitar que el color se destiña, especialmente en edredones con telas oscuras o brillantes.
- Para secar, siga el mismo método de secado al aire que el lavado de manos. Si se usa una secadora, elegir una temperatura baja e incluir pelotas de tenis o pelotas de secadora limpias para ayudar a esponjar el quilt.

DOBLAR TUS QUILTS

Un plegado adecuado evita tensiones y arrugas que pueden debilitar la tela con el tiempo.

1. Asegúrese de que la superficie donde se doblará el quilt esté limpia y seca.
2. Colocar el quilt plano sobre la superficie.
3. Doblar el quilt en tercios a lo largo. Para quilts más grandes, es posible que tengas que doblarlas en cuartos.
4. Doblar en tercios o cuartos nuevamente a lo ancho, dependiendo del tamaño del quilt.
5. De vez en cuando, vuelva a doblar el quilt con un patrón diferente para evitar arrugas permanentes y desgaste a lo largo de los pliegues.
6. Guardar el quilt en un lugar fresco y seco. Evite las bolsas o contenedores de plástico, ya que pueden atrapar la humedad y provocar moho. En su lugar, utilizar bolsas de almacenamiento o fundas de almohada de algodón o manta.
7. Colocar papel de seda sin ácido entre los pliegues para ayudar a evitar arrugas y proteger la tela.

Acid-free tissue paper protects delicate fabrics during storage and transport, preventing discoloration and damage.

El papel de seda sin ácido protege las telas delicadas durante el almacenamiento y transporte, evitando decoloración y daños.

Creando tus primeros proyectos de quilt

Comenzar tu viaje en el quilting es una aventura emocionante llena de creatividad y aprendizaje. Realizar tus primeros proyectos de quilting te permite explorar técnicas básicas, conocer las herramientas esenciales y desarrollar tus habilidades paso a paso. En esta sección, te guiaremos a través de proyectos sencillos y amigables para principiantes, diseñados para aumentar tu confianza y ayudarte a crear quilts hermosos que estarás orgulloso de compartir y conservar.

Making Your First Quilty Projects

Starting your quilting journey is an exciting adventure filled with creativity and learning. Making your first quilting projects allows you to explore basic techniques, understand essential tools, and develop your skills step by step. In this section, we'll guide you through simple, beginner-friendly projects designed to build your confidence and help you create beautiful quilts that you'll be proud to share and treasure.

Atardecer Table Runner
Camino de mesa "Atardecer"

The Atardecer pattern draws inspiration from the deep cultural and spiritual significance of the moon throughout Latin America. Although its name means "sunset," the design captures the quiet, reflective moments as day transitions into night, symbolizing the moon's presence and influence during this magical time. This pattern celebrates the connection between nature, tradition, and the cycles that shape life in Latin American cultures.

El patrón Atardecer se inspira en el profundo significado cultural y espiritual de la luna en toda América Latina. Aunque su nombre significa "puesta de sol," el diseño captura los momentos tranquilos y reflexivos en la transición del día a la noche, simbolizando la presencia e influencia de la luna durante este tiempo mágico. Este patrón celebra la conexión entre la naturaleza, la tradición y los ciclos que moldean la vida en las culturas latinoamericanas.

> **Finished Size: 17" wide by 69" long**
> **Tamaño final: 17" de ancho por 69" de largo**

FABRIC REQUIREMENTS | TELA REQUERIDA

Fabrics	Telas	Quantities	Cantidades
Background fabric	Tela de fondo	1 yard/yarda
Magenta fabric	Tela magenta	Fat Quarter (FQ) or ¼ yard/yarda
Purple fabric	Tela morada	Fat Quarter (FQ) or ¼ yard/yarda
Orange fabric	Tela anaranjada	Fat Quarter (FQ) or ¼ yard/yarda
Light pink fabric	Tela rosada clara	Fat Quarter (FQ) or ¼ yard/yarda
Red fabric	Tela roja	Fat Quarter (FQ) or ¼ yard/yarda
Border fabric	Tela para el borde	½ yard/yarda
Backing fabric	Tela para la parte posterior	2 yards/yardas
Binding Fabric	Tela para el binding	⅜ yard/yarda

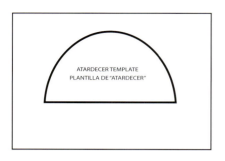
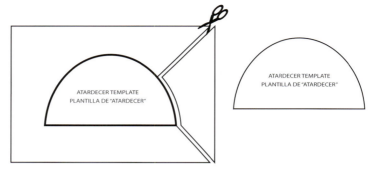

Step 1: Prepare the pattern template. Photocopy the Atardecer pattern template (located on page 160). Ensure that the photocopy pattern matches the original size for accurate cutting. Carefully cut out the pattern template along the lines.

Paso 1: Preparar la plantilla del patron. Fotocopiar la plantilla del patrón Atardecer (localizada en la página 160). Asegúrese de que el patrón fotocopiado coincida con el tamaño original para un corte preciso. Cortar con cuidado la plantilla del patrón a lo largo de las líneas marcadas.

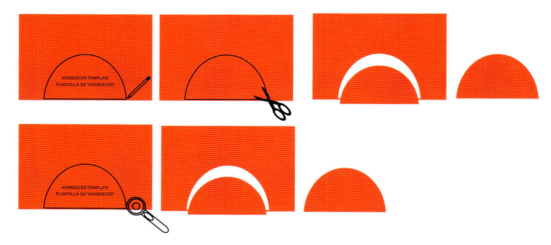

Step 2: Cut the Atardecer shapes. Pin the pattern template to 1 (one) of the selected fabrics and cut the shape using a rotary cutter. You can also draw the shape and cut it with scissors. Repeat to cut 14 (fourteen) half-moon shapes from the assorted fabrics. Take your time to ensure clean, precise edges for each shape. Choose a variety of fabrics for a visually appealing assortment.

Paso 2: Cortar las formas de Atardecer. Sujetar con un alfiler la plantilla del patrón a 1 (una) de las telas seleccionadas y cortar usando un cortador rotatorio. También puedes dibujar la plantilla en la tela y cortar con tijeras. Repetir el paso anterior para cortar un total de 14 (catorce) media lunas de las telas variadas. Tomar el tiempo necesario para que los cortes queden precisos para cada patrón. Elegir una variedad de telas para obtener una combinación visualmente atractiva.

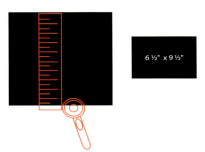

Step 3: Prepare the background fabric. Cut 14 (fourteen) pieces of background fabric, each measuring 6½" x 9½". These will serve as the foundation for your appliqué work.

Paso 3: Preparar la tela de fondo. Cortar 14 (catorce) rectángulos de tela de fondo, cada una debe medir 6½" x 9½". Estos rectángulos servirán como base para el trabajo de apliqué (aplicación).

Step 4: Position the half-moon shapes. Place each half-moon shape on a piece of background fabric, aligning the shape to the bottom edge of the fabric and centering it as shown. *Tip: Use a temporary fabric adhesive spray, washable glue stick, or pins to hold the shapes in place. This will prevent the shapes from shifting as you sew.*

Paso 4: Colocando las medialunas. Colocar cada medialuna sobre un rectángulo de tela de fondo, alineando la parte recta de la media luna con el borde inferior del rectángulo y centrándose como se muestra en el Diagrama. *Consejo: Utilizar un atomizador de adhesivo temporal para tela, una barra de pegamento lavable o alfileres para mantener la media luna en su lugar. Esto evitará que la media luna se mueva mientras se cose.*

Step 5: Sew the half-moon shapes. Set your sewing machine stitch length to ¹⁄₁₆". This tighter stitch will help secure the raw edges of your appliqué while allowing the fabric to fray for added texture. Begin sewing close to the edge of each appliqué shape, about ¼" from the raw edge. Sew slowly and carefully around the entire shape, pivoting as needed to follow the curves of the half-moon design. *Tip: A straight stitch will leave more of the edge exposed, encouraging fraying. A zigzag stitch can be used for a more secure edge with a slightly different texture.*

Paso 5: Coser las formas de medias lunas. Configurar la longitud de puntada de la máquina de coser a ¹⁄₁₆". Esta puntada más apretada ayudará a asegurar la orilla del apliqué y al mismo tiempo permitirá que la tela se deshilache para agregar textura. Comenzar a coser cerca de la orilla de cada forma de medialuna, aproximadamente a ¼" del borde. Coser lenta y cuidadosamente alrededor de toda la forma, girando según sea necesario para seguir las curvas del diseño. *Consejo: Una puntada recta dejará más borde expuesto, lo que favorecerá el deshilachado.Se puede usar una puntada en zigzag para obtener un borde más seguro con una textura ligeramente diferente.*

Step 6: Repeat for all 14 (fourteen) blocks. Repeat step 4 and 5 to the remaining shapes and rectangles to complete the 14 (fourteen) blocks.

Paso 6: Repita para los 14 (catorce) bloques. Repetir pasos 4 y 5 con las medialunas y rectángulos restantes para completar los 14 (catorce) bloques

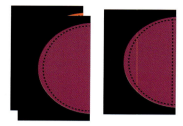

Step 7: Assemble and sew the Atardecer blocks. Take 2 (two) blocks and place them right sides together. Sew at ¼" seam allowance to create 1 (one) full block.

Paso 7: Montar y coser los bloques de Atardecer. Tomar 2 (dos) bloques y colocarlos lados derechos juntos. Coser con un ¼" de costura para crear 1 (un) bloque completo.

Step 8: Press the seams open or to 1 (one) side as preferred. Continue this process to create a total of 7 (seven) full blocks. These blocks will form the main body of your table runner.

Paso 8: Planchar el margen de costura abierto o hacia 1 (un) lado, según la preferencia. Continuar este proceso para crear un total de 7 (siete) cuadros completos. Estos cuadros formarán el cuerpo principal de su camino de mesa.

Step 9: Take the 7 (seven) full blocks you've just made and arrange them in a single row.

Paso 9: Tomar los 7 (siete) bloques completos que se acaban de hacer y colocarlos en una sola fila.

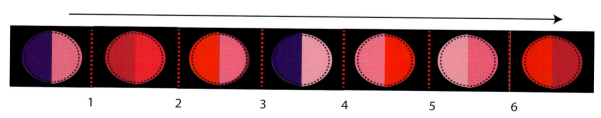

1   2   3   4   5   6

Step 10: Sew the blocks together with a ¼" seam allowance. Ensure that the blocks are aligned correctly, with the seams matching up for a smooth, continuous look.

Paso 10: Coser los bloques con un ¼" de margen de costura. Asegurarse de que los bloques estén alineados correctamente, y que las costuras estén alineadas para una apariencia suave y continua.

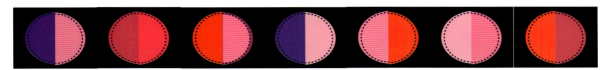

Step 11: Press the seams open or to 1 (one) side to create a flat, even seam.

Paso 11: Planchar las costuras para abrirlas o hacia 1 (un) lado para crear una fila plana y uniforme.

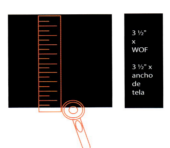

3 ½"
x
WOF

3 ½" x
ancho
de
tela

Step 12: Take your border fabric and cut 5 (five) strips measuring 3½" by the width of fabric. These strips will be used to create the borders for your table runner.

Paso 12: Tomar la tela del borde y cortar cinco (5) tiras que midan 3½" por el ancho de la tela. Estas tiras se utilizarán para crear los bordes de su corredor de mesa.

3 ½" x 12 ½"

3 ½" x 69 ½"

Step 13: From these strips, subcut: 2 (two) pieces measuring 3½" x 12½" for the shorter side borders and 2 (two) pieces measuring 3½" x 69½" for the longer top and bottom borders. Here you have to sew strips together with a ¼" seam allowance to obtain the strips with required length.

Paso 13: De estas tiras, subcorte: 2 (dos) piezas que midan 3½" x 12½" para los bordes laterales más cortos y 2 (dos) piezas que midan 3½" x 69½" para los bordes superior e inferior más largos. Aquí tienes que coser tiras juntas con ¼" de margen de costura para obtener las tiras del tamaño.

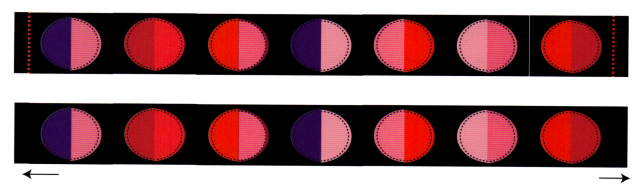

Step 14: Sew the 2 (two) shorter 3½" x 12½" borders to each side of the row of blocks with a ¼" seam allowance. Align the edges carefully and pin in place before sewing to prevent shifting. Press the seams toward the border fabric for a clean finish.

Paso 14: Coser los 2 (dos) bordes más cortos de 3½" x 12½" a cada lado de la fila de bloques con ¼" de margen de costura. Alinear los bordes con cuidado y sujetarlos con alfileres antes de coser para evitar que se muevan. Planchar las costuras hacia la tela del borde para obtener un acabado limpio.

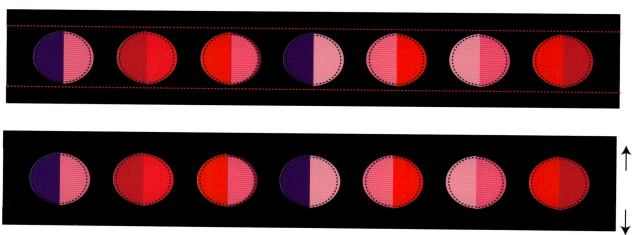

Step 15: Next, sew the 2 (two) longer 3½" x 69½" borders to the top and bottom of the row of blocks, again aligning the edges and pinning in place before sewing to prevent shifting. Press the seams toward the borders to complete the runner.

Paso 15: Luego, coser los 2 (dos) bordes más largos de 3½" x 69½" en la parte superior e inferior de la fila de bloques, alineando nuevamente los bordes y sujetarlos con alfileres antes de coser. Presione las costuras hacia los bordes para completar el corredor.

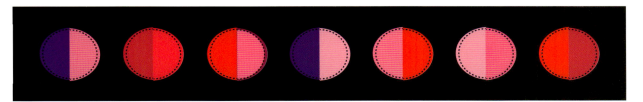

Step 16: Once the borders are attached, give the entire table runner a final press with an iron to smooth out any seams and wrinkles. Your table runner is now fully assembled and ready for quilting!

Paso 16: Una vez que los bordes estén colocados, planchar por última vez todo el corredor de mesa con una plancha para suavizar las costuras y arrugas. ¡Su corredor de mesa ahora está completamente ensamblado y listo para acolchar!

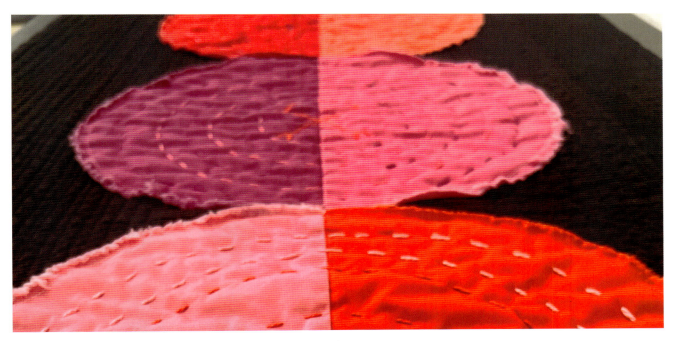

Step 17: After finishing the table runner, softly rub the edges of the appliqué with your fingers or a soft brush to initiate the fraying process. To further enhance the fraying effect, consider washing and drying the quilt. The edges will gradually fray more over time. For best results, use a gentle agitation in the washing machine followed by tumble drying on a low setting to promote the frayed edges.

Paso 17: Después de terminar el corredor de mesa, frote suavemente los bordes del apliqué con los dedos o con un cepillo suave para iniciar el proceso de deshilachado. Para mejorar aún más el efecto de deshilachado, considere lavar y secar la colcha. Los bordes se deshilacharán gradualmente con el tiempo. Para obtener mejores resultados, agite suavemente en la lavadora y luego seque en secadora a temperatura baja para promover los bordes deshilachados.

Video tutorial available in English and Spanish on the Quilting with Latinas YouTube channel.

Video tutorial disponible en inglés y español en el canal de YouTube de Quilting with Latinas.

Viaje Tote Bag
Bolsa tipo tote "Viaje"

The Viaje Tote Bag showcases the timeless beauty of the classic Log Cabin quilt block, transformed into a functional and fashionable accessory. This tote combines the rich tradition of quilting with modern practicality, making it perfect for carrying your essentials in style. The Log Cabin pattern adds a touch of warmth and texture, allowing you to highlight your favorite fabrics while creating a sturdy and spacious bag. Whether you're a seasoned quilter or a beginner, the Viaje Tote Bag is a wonderful project that blends creativity with everyday use.

El Bolso Tote Viaje muestra la belleza atemporal del clásico bloque de quilt Log Cabin, transformado en un accesorio funcional y a la moda. Este bolso combina la rica tradición del acolchado con la practicidad moderna, siendo perfecto para llevar tus esenciales con estilo. El patrón Log Cabin añade un toque de calidez y textura, permitiéndote destacar tus telas favoritas mientras creas un bolso resistente y espacioso. Ya seas una quilter experimentada o principiante, el Bolso Tote Viaje es un proyecto maravilloso que une creatividad y uso diario.

Finished Size: 20" square
Tamaño final: cuadrado de 20"

FABRIC REQUIREMENTS | TELA REQUERIDA

Fabrics	Telas	Quantities	Cantidades
Log Cabin block (front panel)	El bloque cabaña de troncos (el panel frontal)	Use scraps	Utilizar retazos
Lining	El forro	¾ yard/yarda
Main back and sides	La parte posterior y los lados laterales	¾ yard/yarda
1½" webbing	Cinta de 1½"	1⅝ yards/yardas

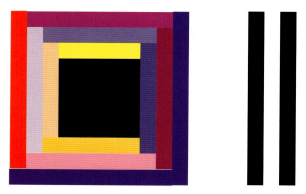

Step 1: Refer to basic quilt blocks to sew a Log Cabin block (see page 90). Cut 2 (two) strips of the main tote bag fabric, each measuring 1½" x 18½".

Paso 1: Referirse a los bloques básicos de quilting para coser un bloque de cabaña de troncos (ir a la página 90). Cortar 2 (dos) tiras de la tela principal del bolso de mano, cada una de las cuales mide 1½" x 18½".

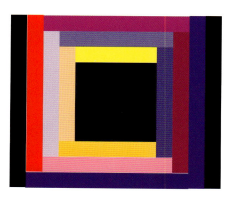

Step 2: Sew these strips to the sides of the Log Cabin block with ¼" seam allowance.

Paso 2: Coser estas tiras a los lados del bloque Log Cabin con ¼" de margen de costura.

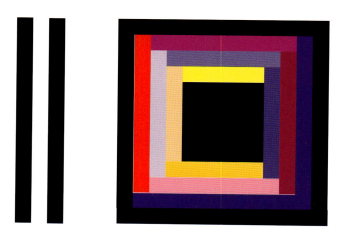

Step 3: Cut 2 (two) strips of the main tote bag fabric, each measuring 1½" x 20½". Sew these strips to the top and bottom of the Log Cabin block with ¼" seam allowance. Your finished front tote block should measure 20½" x 20½".

Paso 3: Cortar 2 (dos) tiras de la tela principal del bolso de mano, cada una de las cuales mide 1½" x 20½". Coser estas tiras en la parte superior e inferior del bloque Log Cabin con ¼" de margen de costura. El tamaño final del bloque frontal debe ser 20½" x 20½".

Optional Step: Add Batting and Quilt. At this stage, you can decide if you want to add batting and quilt the block for a sturdier tote bag, or you can leave it as is for a floppy boho tote bag look.

Paso opcional: Agregar guata/punzonador y acolchar. En esta etapa, puede decidir si desea agregar guata y acolchar el bloque para obtener un bolso de mano más resistente, o puede dejarlo como está para lograr un estilo de bolso de mano bohemio y flexible.

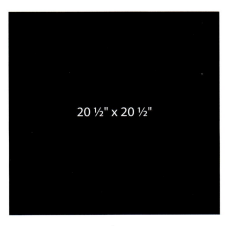

Step 4: Cut fabric for the back of the tote bag. Cut 1 (one) piece of the main tote bag fabric, measuring 20½" x 20½", for the back.

Paso 4: Cortar la tela para la parte posterior del bolso. Corte 1 (un) cuadrado de la tela principal del bolso, que mida 20½" x 20½" para la parte posterior.

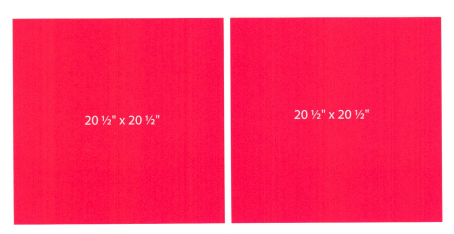

Step 5: Cut fabric for the lining. Cut 2 (two) pieces of lining fabric, each measuring 20½" x 20½".

Paso 5: Cortar tela para el forro. Cortar 2 (dos) cuadrados de tela de forro, cada uno de 20½" x 20½".

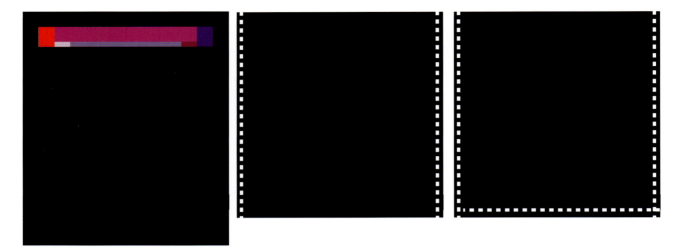

Step 6: Assemble the outer bag. Place the front and back of the tote bag right sides together and sew the side seams with a ¼" seam allowance. Sew the bottom with a ¼" seam allowance, leaving the top open.

Paso 6: Armar la bolsa exterior. Colocar la parte frontal y posterior de la bolsa lados derechos juntos, y coser los lados laterales con un margen de costura de ¼". Coser la parte inferior con un margen de costura de ¼", dejando la parte superior abierta.

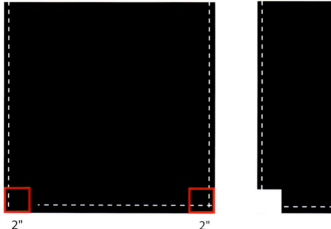

2"　　　　2"

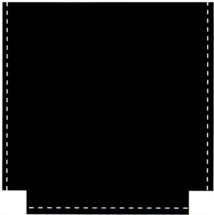

Step 7: Create box corners. Cut a 2" square from the bottom right and left corners of the outer bag.

Paso 7: Crear esquinas del bolso. Cortar un cuadrado de 2" en las esquinas inferiores derecha e izquierda del bolso exterior.

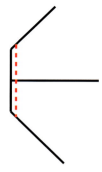

Step 8: Match the side and bottom seams at the cutout corners to create a box shape and sew the box corner with a ¼" seam allowance.

Paso 8: Hacer coincidir las costuras laterales e inferiores en las esquinas cortadas para crear una forma de caja y coser las esquinas con un margen de costura de ¼".

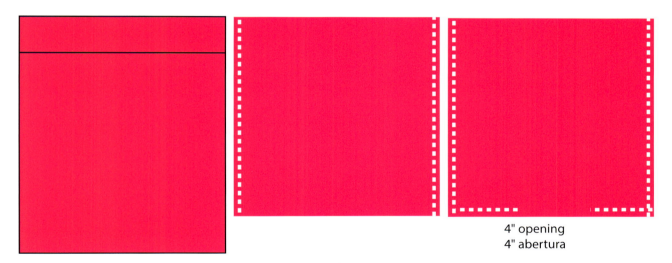

4" opening
4" abertura

Step 9: Assemble the lining. Place lining squares right sides together, sew with a ¼" seam allowance. Sew the bottom with a ¼" seam allowance, leaving a 4"–6" opening in the center to turn the bag inside out later.

Paso 9: Montar el forro. Colocar los dos cuadrados del forro lados derechos juntos, coser con un margen de costura de ¼". Coser la parte inferior del forro con un margen de costura de ¼", dejando una abertura de 4" a 6" en el centro para darle la vuelta a la bolsa más tarde.

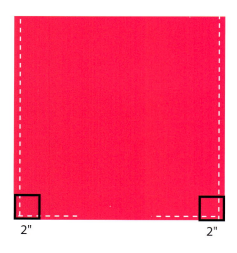

Step 10: Create box corners for the lining. Cut a 2" square from the bottom right and left corners of the lining.

Paso 10: Cree esquinas de caja para el revestimiento. Corte un cuadrado de 2" desde las esquinas inferiores derecha e izquierda del revestimiento.

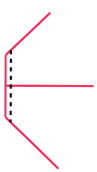

Step 11: Match the side and bottom seams at the cutout corners to create a box shape and sew the box corner with a ¼" seam allowance.

Paso 11: Alinear las costuras laterales y la costura inferior en las esquinas cortadas para formar una forma de caja y coser la esquina de la caja con una margen de costura de ¼".

Step 12: Cut 2 (two) 29" pieces of webbing for the strap handles.

Paso 12: Corte dos tiras de cinta con una longitud de 29" para las manijas del bolso.

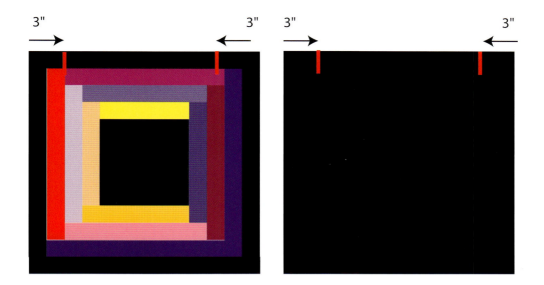

Step 13: On both the front and back of your tote bag, measure and mark 3" in from the left side and 3" in from the right side along the top edge of the tote bag.

Paso 13: En la parte frontal y posterior del bolso, medir y marcar 3" desde el lado izquierdo hacia el centro del bolso y 3" desde el lado derecho hacia el centro del bolso en el borde superior.

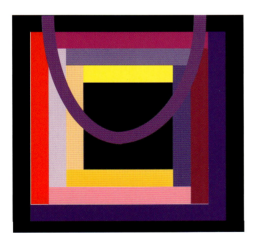
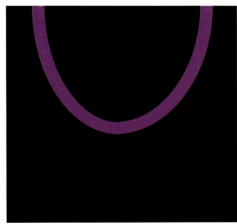

Step 14: Place the ends of your handles on these markings, ensuring that the straps are even on both sides of the front and back of the tote bag.

Paso 14: Colocar los extremos de las manijas en estas marcas, asegurando que las manijas estén uniformes en ambos lados del bolso.

 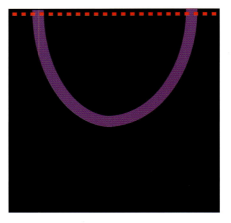

Step 15: Secure the handles in place by basting them with a ¼" seam allowance along the top edge of both the front and back blocks. This will hold them in place before assembling your tote bag. These steps will help you position and secure the tote bag straps evenly and neatly!

Paso 15: Asegurar las manijas en su lugar hilvanándolas con un margen de costura de ¼" a lo largo del borde superior de los bloques delantero y trasero. Esto las mantendrá en su lugar antes de armar su bolso de mano. ¡Estos pasos le ayudarán a posicionarse y asegurar las correas del bolso de manera uniforme y ordenada!

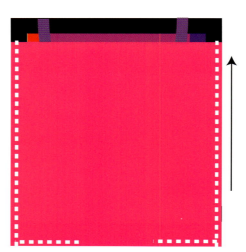

Step 16: Attach the lining to the exterior of the tote bag. Turn the main tote bag right side out, leaving the lining inside out. Slip the lining (still inside out) over the exterior of the bag with pinned straps. Align the top edges of the lining and the exterior of the bag and pin them together.

Paso 16: Agregar el forro a la parte exterior del bolso. Dar la vuelta al exterior del bolso, dejando el forro al revés. Deslizar el forro (aún al revés) sobre la bolsa exterior con las asas sujetas con alfileres. Alinear los bordes superiores del forro y la bolsa exterior y sujetar con alfileres.

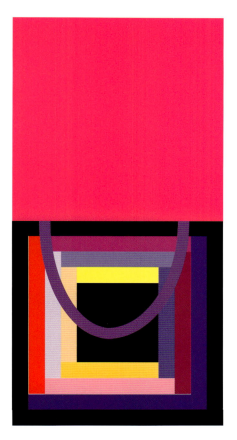

Step 17: Sew the top seam. Sew around the top of the bag with a ½" seam allowance, ensuring you catch the straps in the seam. Reinforce the strap seams by sewing a double seam for extra durability. Flip the bag inside out through the opening in the lining.

Paso 17: Coser la costura superior. Coser alrededor de la parte superior del bolso con un margen de costura de ½", asegurándose de enganchar las correas en la costura. Refuerce las costuras de las correas cosiendo una costura doble para mayor durabilidad. Voltee la bolsa al revés a través de la abertura en el forro.

Step 18: Topstitch around the top edge of the bag to secure the seam and add a professional finish.

Paso 18: Haz un pespunte alrededor del borde superior del bolso para asegurar la costura y agregar un acabado profesional.

Step 19: Close the bottom opening in the lining by hand-stitching or sewing it closed. Your tote bag is now complete and ready for use!

Paso 19: Cerrar la abertura inferior del forro cosiéndola a mano o cosiéndola con la máquina. ¡El bolso de mano ya está completo y listo para usar!

Video tutorial available in English and Spanish on the Quilting with Latinas YouTube channel.

Video tutorial disponible en inglés y español en el canal de YouTube de Quilting with Latinas.

A spacious and stylish tote, perfect for carrying your essentials on the go—blending function, comfort, and handmade charm.

Un bolso tote amplio y con estilo, perfecto para llevar lo esencial a donde vayas—una combinación de funcionalidad, comodidad y encanto artesanal.

Luminosa Lap Quilt
Quilt "Luminosa"

The Luminosa Lap Quilt is a vibrant and cozy project, crafted entirely from half-square triangles (HST), showcasing the dynamic beauty of geometric design. This quilt uses the classic HST block to create striking patterns that play with color and movement, resulting in a luminous and eye-catching piece. Perfect for adding warmth and style to any room, the Luminosa Lap Quilt is a wonderful way to practice precision piecing while creating a bright, modern quilt. Whether you're a beginner or an experienced quilter, this project invites you to explore bold color combinations and sharp angles for a truly radiant finish.

El quilt Luminosa es un proyecto vibrante y acogedor, elaborado completamente con triángulos de medio cuadrado (TMC), que destaca la belleza dinámica del diseño geométrico. Este quilt utiliza el clásico bloque TMC para crear patrones llamativos que juegan con el color y el movimiento, dando como resultado una pieza luminosa y cautivadora. Perfecto para añadir calidez y estilo a cualquier espacio, el quilt Luminosa es una excelente manera de practicar la costura de precisión mientras creas un quilt moderno y lleno de luz. Ya seas principiante o una quilter con experiencia, este proyecto te invita a explorar combinaciones de colores audaces y ángulos definidos para lograr un acabado verdaderamente radiante.

Finished Size: 50" square
Tamaño final: cuadrado de 50"

FABRIC REQUIREMENTS | TELA REQUERIDA

Fabrics	Telas	Quantities	Cantidades
Background fabric (white)	Tela de fondo (blanco)	¾ yard/yarda
Purple fabric	Tela morada	½ yard/yarda
Blue fabric	Tela azul	1⅓ yards/yardas
Pink fabric	Tela rosada	½ yard/yarda
Backing fabric	Tela para la parte posterior	3⅜ yards/yardas
Binding fabric	Tela para el binding	½ yard/yarda

CUTTING INSTRUCTIONS

Background (White)
- Cut 1 (one) strip of 14" x WOF, then subcut into:
  - 3 (three) 14" squares
- Cut 1 (one) strip of 10" x WOF, then subcut into:
  - 1 (one) 10" square
- Cut 2 (two) strips of 5½" x WOF, then subcut into:
  - 16 (sixteen) 5½" squares

Purple Fabric
- Cut 1 (one) strip of 14" x WOF, then subcut into:
  - 1 (one) 14" square

Blue Fabric
- Cut 1 (one) strip of 14" x WOF, then subcut into:
  - 2 (two) 14" squares
  - 1 (one) 5½" square
- Cut 1 (one) strip of 5½" x WOF, then subcut into:
  - 7 (seven) 5½" squares
- Cut 1 (one) strip of 10" x WOF, then subcut into:
  - 1 (one) 10" square
- Cut 4 (four) strips of 5½" x WOF, then subcut into:
  - 4 (four) strips of 5½" x 40½"

Pink Fabric
- Cut 1 (one) strip of 14" x WOF, then subcut into:
  - 2 (two) 14" squares
  - 1 (one) 10" square

INSTRUCCIONES DE CORTE

Fondo (blanco)
- Cortar 1 (una) tira de 14" por ancho de tela, y luego sobre cortar:
  - 3 (tres) cuadrados de 14"
- Cortar 1 (una) tira de 10" por ancho de tela, y luego sobre cortar:
  - 1 (un) cuadrado de 10"
- Cortar 2 (dos) tiras de 5½" por ancho de tela, y luego sobre cortar:
  - 16 (dieciséis) cuadrados de 5½"

Tela morada
- Cortar 1 (una) tira de 14" por ancho de tela, y luego sobre cortar:
  - 1 (un) cuadrado de 14"

Tela azul
- Cortar 1 (una) tira de 14" por ancho de tela, y luego sobre cortar:
  - 2 (dos) cuadrados de 14"
  - 1 (un) cuadrado de 5½"
- Cortar 1 (una) tira de 5½" por ancho de tela, y luego sobre cortar:
  - 7 (siete) cuadrados de 5½"
- Cortar 1 (una) tira de 10" por ancho de tela, y luego sobre cortar:
  - 1 (un) cuadrado de 10"
- Cortar 4 (cuatro) tiras de 5½" por ancho de tela, y luego sobre cortar:
  - 4 (cuatro) tiras de 5½" x 40½"

Tela rosada
- Cortar 1 (una) tira de 14" por ancho de tela, y luego sobre cortar:
  - 2 (dos) cuadrados de 14"
  - 1 (un) cuadrado de 10"

CREATING 8-AT-A-TIME HALF-SQUARE TRIANGLES (HST)
CREANDO 8 TRIÁNGULOS MEDIO CUADRADOS (TMC) A LA VEZ

Step 1: Place 1 (one) 14" white square and 1 (one) 14" purple square on top of each other, with the right sides facing each other. Align the edges to ensure they are perfectly stacked and there is no shifting between the 2 (two) layers.

Paso 1: Colocar 1 (un) cuadrado blanco de 14" y 1 (un) cuadrado morado de 14" uno encima del otro, con los lados derechos juntos. Alinear los bordes para asegurar que estén perfectamente homogéneos y no haya deslizamiento entre las 2 (dos) capas.

Step 2: Using a fabric marking tool (such as a pencil or fabric marker), draw 2 (two) diagonal lines from 1 (one) corner of the fabric square to the other, forming an *X* on the top square. The lines should cross in the center of the fabric. You'll use these lines as a guide for your sewing.

Paso 2: Usando una herramienta para marcar tela (como un lápiz o marcador para tela), dibujar 2 (dos) líneas diagonales desde 1 (una) esquina del cuadrado de tela hasta la otra, formando una *X* en el cuadrado superior. Las líneas deben cruzarse en el centro de la tela. Usarás estas líneas como guía para tu costura.

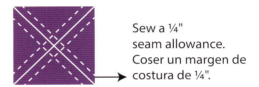

Sew a ¼"
seam allowance.
Coser un margen de
costura de ¼".

Step 3: Sew a ¼" seam on each side of both diagonal lines. This means you'll sew 4 (four) seams in total. Make sure you maintain a consistent ¼" seam allowance on all 4 (four) seams to ensure the HSTs are the correct size.

Paso 3: Coser una costura de ¼" a cada lado de ambas líneas diagonales. Esto significa que se debe coser un total de 4 (cuatro) costuras. Asegurarse de mantener un margen de costura constante de ¼" en las 4 (cuatro) costuras para garantizar que los TMC tengan el tamaño correcto.

Step 4: Use a rotary cutter to cut the sewn squares from the previous step. First, cut horizontally and vertically through the center. Then, cut along the drawn diagonal lines, dividing the squares into 8 (eight) HST.

Paso 4: Usar un cortador rotatorio para cortar los cuadrados cosidos en el paso anterior. Primero, cortar horizontal y verticalmente por el centro de los cuadrados. Luego, cortar a lo largo de las líneas diagonales trazadas, dividiendo los cuadrados en 8 (ocho) TMC.

Step 5: Open the 8 (eight) HST and press the seams to 1 (one) side, pressing each HST toward the darker fabric. Each half-square triangle should now measure approximately 5½" before trimming. Use a ruler and rotary cutter to trim each HST to 5½" by aligning the 45-degree angle line on your ruler with the diagonal seam and trimming off any excess fabric. Make a total of 16 (sixteen) HST. Set aside.

Paso 5: Abrir los 8 (ocho) TMC y planchar las costuras hacia 1 (un) lado, planchando cada TMC hacia la tela más oscura. Cada triángulo de medio cuadrado (TMC) debe medir ahora aproximadamente 5½" antes de cortarlo. Usar una regla y un cortador rotatorio para cortar cada TMC a 5½" alineando la línea del ángulo de 45 grados en la regla con la costura diagonal y cortando el exceso de tela. Hacer un total de 16 (dieciséis) HST. Dejar a un lado.

Step 6: Repeat the previous steps with the following combinations:

- **Fabric Blue and White:** 2 (two) times to have a total of 16 (sixteen) HST.
- **Fabric Pink and White:** 2 (two) times to have a total of 16 (sixteen) HST.

Paso 6: Repetir los pasos anteriores con las siguientes combinaciones:

- **Tela azul y blanca:** 2 (dos) veces para tener un total de 16 (dieciséis) TMC.
- **Tela rosada y blanca:** 2 (dos) veces para tener un total de 16 (dieciséis) TMC.

CREATING 4-AT-A-TIME HALF-SQUARE TRIANGLES (HST)
CREANDO 4 TRIÁNGULOS MEDIO CUADRADOS (TMC) A LA VEZ

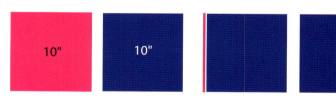

Step 1: Place 1 (one) 10" blue square and 1 (one) 10" pink square on top of each other with the right sides facing each other. Align the edges to ensure they are perfectly stacked and there is no shifting between the 2 (two) layers.

Paso 1: Colocar 1 (un) cuadrado azul de 10" y 1 (un) cuadrado rosado de 10" uno sobre el otro, con los lados derechos enfrentados. Alinear los bordes para asegurarse de que estén perfectamente homogéneos y no haya deslizamiento entre las 2 (dos) capas.

Sew a ¼" seam allowance around the fabric squares.
Coser un margen de costura de ¼" alrededor de las telas.

Step 2: Sew a ¼" seam allowance around all 4 (four) sides of the squares, creating a complete square.

Paso 2: Coser una costura de ¼" alrededor de los 4 (cuatro) lados de los cuadrados, creando un cuadrado completo.

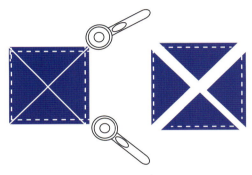

Step 3: Using a rotary cutter, cut the square diagonally from corner to corner in both directions.

Paso 3: Usar un cortador rotatorio, cortar el cuadrado diagonalmente de esquina a esquina en ambas direcciones.

Step 4: Open the 4 (four) HST and press the seams to 1 (one) side, pressing each HST toward the darker fabric. Each HST should now measure approximately 5½" before trimming. Use a ruler and rotary cutter to trim each HST to 5½" by aligning the 45-degree angle line on your ruler with the diagonal seam and trimming off any excess fabric. Set aside.

Paso 4: Abrir los 4 (cuarto) TMC y planchar las costuras hacia 1 (un) lado, planchando cada TMC hacia la tela más oscura. Cada TMC debe medir ahora aproximadamente 5½" antes de cortarlo. Usar una regla y un cortador rotatorio para cortar cada TMC a 5½" alineando la línea del ángulo de 45 grados en la regla con la costura diagonal y cortando el exceso de tela. Dejar a un lado.

BLOCK 1 ASSEMBLY
BLOQUE 1 ASAMBLEA

Step 1: Place 1 (one) 5½" white square and 1 (one) 5½" purple-and-white HST, right sides together, and sew with ¼" seam allowance. Press open. This becomes Row A.

Paso 1: Colocar 1 (un) cuadrado blanco de 5½" y 1 (un) TMC morado y blanco de 5½", con los lados derechos juntos, y coser con un margen de costura de ¼". Planchar las costuras abiertas. Esto se convierte en la Fila A.

Step 2: Place 1 (one) 5½" purple-and-white HST and 1 (one) 5½" white square, right sides together, and sew with ¼" seam allowance. Press open. This becomes Row B.

Paso 2: Colocar 1 (un) TMC morado y blanco de 5½" y 1 (un) cuadrado blanco de 5½", con los lados derechos juntos, y coser con un margen de costura de ¼". Planchar las costuras abiertas. Esto se convierte en la Fila B.

Step 3: Place Row A and Row B right sides together and sew with ¼" seam allowance. Press open. This becomes Block 1.

Paso 3: Colocar la Fila A y la Fila B con los lados derechos juntos y coser con un margen de costura de ¼". Plancha las costuras abiertas. Esto se convierte en el Bloque 1.

Step 4: Repeat the previous step to have a total of 4 (four) of Block 1.

Paso 4: Repetir los pasos anteriores ya que se debe tener un total de 4 (cuatro) Bloques 1.

BLOCK 2 ASSEMBLY
BLOQUE 2 ASAMBLEA

Step 1: Place 1 (one) 5½" white square and 1 (one) 5½" pink-and-white HST, right sides together, and sew with ¼" seam allowance. Press open. This becomes Row C.

Paso 1: Colocar 1 (un) cuadrado blanco de 5½" y 1 (un) TMC rosado y blanco de 5½", con los lados derechos juntos, y coser con un margen de costura de ¼". Plancha las costuras abiertas. Esto se convierte en la Fila C.

Step 2: Place 1 (one) 5½" pink-and-white HST and 1 (one) 5½" white square, right sides together, and sew with ¼" seam allowance. Press open. This becomes Row D.

Paso 2: Colocar 1 (un) TMC rosado y blanco de 5½" y 1 (un) cuadrado blanco de 5½", con los lados derechos juntos, y coser con un margen de costura de ¼". Planchar las costuras abiertas. Esto se convierte en la Fila D.

Step 3: Place Row C and Row D right sides together and sew with ¼" seam allowance. Press open. This becomes Block 2.

Paso 3: Colocar la Fila C y la Fila D con los lados derechos juntos y coser con un margen de costura de ¼". Planchar las costuras abiertas. Esto se convierte en el Bloque 2.

Step 4: Repeat the previous step to have a total of 4 (four) of Block 2.

Paso 4: Repetir los pasos anteriores ya que se debe tener un total de 4 (cuatro) Bloques 2.

BLOCK 3 ASSEMBLY
BLOQUE 3 ASAMBLEA

Step 1: Place 1 (one) 5½" blue-and-white HST and 1 (one) 5½" pink-and-white HST, right sides together, and sew with ¼" seam allowance. Press open. This becomes Row E.

Paso 1: Colocar 1 (un) TMC azul y blanco de 5½" y 1 (un) TMC rosado y blanco de 5½", con los lados derechos juntos, y coser con un margen de costura de ¼". Planchar las costuras abiertas. Esto se convierte en la Fila E.

Step 2: Place 1 (one) 5½" blue square and 1 (one) 5½" blue-and-white HST, right sides together, and sew with ¼" seam allowance. Press open. This becomes Row F.

Paso 2: Colocar 1 (un) cuadrado azul de 5½" y 1 (un) TMC azul y blanco de 5½", con los lados derechos juntos, y coser con un margen de costura de ¼". Planchar las costuras abiertas. Esto se convierte en la Fila F.

Step 3: Place Row E and Row F right sides together and sew with ¼" seam allowance. Press open. This becomes Block 3.

Paso 3: Colocar la Fila E y la Fila F con los lados derechos juntos y coser con un margen de costura de ¼". Planchar las costuras abiertas. Esto se convierte en el Bloque 3.

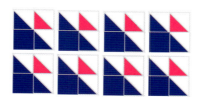

Step 4: Repeat the previous steps to have a total of 8 (eight) of Block 3.

Paso 4: Repetir los pasos anteriores ya que se debe tener un total de 8 (ocho) Bloques 3.

QUILT TOP ASSEMBLY
ENSEMBLE DE LA PARTE SUPERIOR DEL QUILT

Step 1: For Row 1, sew together 1 (one) Block 2, 1 (one) Block 3, 1 (one) Block 3, and 1 (one) Block 2 in the order mentioned with a ¼" seam allowance.

Paso 1: Para la Fila 1, coser juntos 1 (un) Bloque 2, 1 (un) Bloque 3, 1 (un) Bloque 3, y 1 (un) Bloque 2 en el orden mencionado con un margen de costura de ¼".

Step 2: For Row 2, sew together 1 (one) Block 3, 1 (one) Block 1, 1 (one) Block 1, and 1 (one) Block 3 in the order mentioned with a ¼" seam allowance.

Paso 2: Para la Fila 2, coser juntos 1 (un) Bloque 3, 1 (un) Bloque 1, 1 (un) Bloque 1, y 1 (un) Bloque 3 en el orden mencionado con un margen de costura de ¼".

Step 3: For Row 3, sew together 1 (one) Block 3, 1 (one) Block 1, 1 (one) Block 1, and 1 (one) Block 3 in the order mentioned with a ¼" seam allowance.

Paso 3: Para la Fila 3, coser juntos 1 (un) Bloque 3, 1 (un) Bloque 1, 1 (un) Bloque 1, y 1 (uno) Bloque 3 en el orden mencionado con un margen de costura de ¼".

Step 4: For Row 4, sew together 1 (one) Block 2, 1 (one) Block 3, 1 (one) Block 3, and 1 (one) Block 2 in the order mentioned with a ¼" seam allowance.

Paso 4: Para la Fila 4, coser juntos 1 (un) Bloque 2, 1 (un) Bloque 3, 1 (un) Bloque 3, y 1 (uno) Bloque 2 en el orden mencionado con un margen de costura de ¼".

ADDING THE BORDER
AGREGANDO LOS BORDES

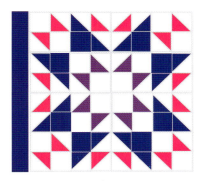

Step 1: Take 1 (one) blue strip of 5½" x 40½" and place right sides together with the left side of the quilt top, matching the edges. Pin in place. The border strip should be the same length as the quilt's left side. Sew the left border to the quilt using a ¼" seam allowance.

Paso 1: Tomar 1 (una) tira azul de 5½" x 40½" y colocarla con los lados derechos juntos con el lado izquierdo de la parte superior de la colcha, alineando los bordes. Fijar con alfileres en su lugar. La tira de borde debe tener la misma longitud que el lado izquierdo del quilt. Coser el borde izquierdo al quilt utilizando un margen de costura de ¼".

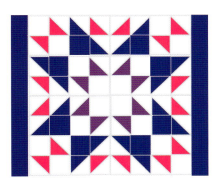

Step 2: Press the seam toward the left border. Repeat the process for the right side of the quilt.

Paso 2: Planchar el margen de costura hacia el borde izquierdo. Repetir este proceso para el lado derecho del quilt.

Step 3: For Strip 1, take 1 (one) 5½" blue-and-pink HST and 1 (one) blue strip of 5½" x 40½" and place them right sides together. Sew together using a ¼" seam allowance. Press the seam toward the blue strip.

Paso 3: Para la Tira 1, tomar 1 (un) TMC azul y rosado de 5½" y 1 (una) tira azul de 5½" x 40½" y colocarlos con los lados derechos juntos. Coser juntos usando un margen de costura de ¼". Planchar el margen de costura hacia la tira azul.

Step 4: Then, take 1 (one) 5½" blue-and-pink HST and place it right sides together at the right side of the blue strip. Sew together using a ¼" seam allowance. Strip 1 should now measure 5½" x 50½". Press the seam toward the blue strip. Strip 1 is ready, set aside.

Paso 4: Luego, tomar 1 (un) TMC azul y rosado de 5½" y colocarlo con los lados derechos juntos al lado derecho de la tira azul. Coser juntos usando un margen de costura de ¼". Tira 1 ahora debe de medir 5½" x 50½". Planchar el margen de costura hacia la tira azul. Tira 1 está lista, y dejar a un lado.

Step 5: For Strip 2, take 1 (one) 5½" blue-and-pink HST and 1 (one) blue strip of 5½" x 40½" and place them right sides together. Sew together using a ¼" seam allowance.

Paso 5: Para la Tira 2, tomar 1 (un) TMC azul y rosado de 5½" y 1 (una) tira azul de 5½" x 40½" y colocarlos con los lados derechos juntos. Coser juntos usando un margen de costura de ¼".

Step 6: Press the seam toward the blue strip. Then, take 1 (one) 5½" blue-and-pink HST and place it right sides together at the right side of the blue strip. Sew together using a ¼" seam allowance. Strip 2 should now measure 5½" x 50½". Press the seam toward the blue strip. Strip 2 is ready, set aside.

Paso 6: Planchar la costura hacia la tira azul. Luego, tomar 1 (un) TMC azul y rosado de 5½" y colocarlo con los lados derechos juntos al lado derecho de la tira azul. Coser juntos usando un margen de costura de ¼". Tira 2 ahora debe de medir 5½" x 50½". Planchar el margen de costura hacia la tira azul. Tira 2 está lista, y dejar a un lado.

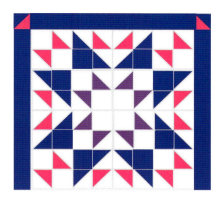

Step 7: Take Strip 1 and pin it along the top edge of the quilt, matching the edges. Sew the top border to the quilt using a ¼" seam allowance. Press the seam toward the top border.

Paso 7: Tomar la Tira 1 y sujetar a lo largo del borde superior del quilt, alineando los bordes. Coser el borde superior al quilt utilizando un margen de costura de ¼". Planchar el margen de costura hacia el borde superior.

Step 8: Take Strip 2 and pin it along the bottom edge of the quilt, matching the edges. Sew the bottom border to the quilt using a ¼" seam allowance. Press the seam toward the border. The quilt top is finished, and it should measure 50½" square. It is recommended to give the quilt top a final press, and then it is ready to quilt and bind as desired (see page 94).

Paso 8: Tomar la Tira 2 y sujetar a lo largo del borde inferior del quilt, alineando los bordes. Coser el borde inferior al quilt utilizando un margen de costura de ¼". Planchar el margen de costura hacia el borde inferior. La parte superior del quilt está terminada y debe ser un cuadrado de 50½". Se recomienda planchar la parte superior del quilt una vez más y estará lista para acolchar y agregar el bies (ir a la página 94).

Video tutorial available in English and Spanish on the Quilting with Latinas YouTube channel.

Video tutorial disponible en inglés y español en el canal de YouTube de Quilting with Latinas.

Sueño Sampler Quilt
Quilt de muestras "Sueño"

The Sueño Sampler Quilt is a beautiful collection of basic quilt blocks thoughtfully explored throughout the book. It celebrates creativity, tradition, and personal expression by showcasing a variety of quilting techniques and patterns. This sampler quilt invites you to explore different textures, shapes, and colors—all while crafting a cohesive, harmonious design. Each block tells a unique story, making the Sueño Sampler Quilt a meaningful and inspiring project perfect for quilters of all skill levels. Whether you're new to quilting or looking to expand your skills, this quilt is a wonderful way to dream big and sew your own story, stitch by stitch.

El Sueño Quilt de muestra es una hermosa colección de bloques básicos de quilt, cuidadosamente explorados a lo largo del libro. Celebra la creatividad, la tradición y la expresión personal mostrando una variedad de técnicas y patrones de acolchado. Este quilt de muestra te invita a descubrir diferentes texturas, formas y colores, mientras creas un diseño armonioso y cohesivo. Cada bloque cuenta una historia única, haciendo el Sueño Quilt de muestra se convierte en un proyecto significativo e inspirador, ideal para quilters de todos los niveles. Ya seas principiante o busques ampliar tus habilidades, este quilt es una maravillosa forma de soñar en grande y coser tu propia historia, puntada a puntada.

> **Finished Size: 81" wide by 92" long**
> **Tamaño final: 81" de ancho por 92" de largo**

FABRIC REQUIREMENTS | TELA REQUERIDA

Fabrics	Telas	Quantities	Cantidades
Background fabric (black)	Tela de fondo (negro)	5¾ yards/yardas
Red fabric	Tela roja	1⅔ yards/yardas
Magenta fabric	Tela magenta	1⅓ yards/yardas
Pink fabric	Tela rosada	1⅓ yards/yardas
Purple fabric	Tela morada	1⅓ yards/yardas
Backing fabric	Tela para la parte posterior	8½ yards/yardas
Binding fabric	Tela para el binding	¾ yard/yarda

CUTTING INSTRUCTIONS

Background (Black)
- Cut 21 (twenty-one) strips of 3½" x WOF
- Cut 3 (three) strips of 9½" x WOF, then subcut into:
  - 18 (eighteen) 9½" x 5½" rectangles
- Cut 3 (three) strips of 11" x WOF, then subcut into:
  - 9 (nine) 11" squares
- Cut 14 (fourteen) strips of 5" x WOF, then subcut into:
  - 108 (one hundred and eight) 5" squares

Red Fabric
- Cut 3 (three) strips of 3½" x WOF
- Cut 2 (two) strips of 9½" x WOF, then subcut into:
  - 12 (twelve) 9½" x 5" rectangles
- Cut 1 (one) strip of 11" x WOF, then subcut into:
  - 3 (three) 11" squares
- Cut 2 (two) strips of 5" x WOF, then subcut into:
  - 12 (twelve) 5" squares
- Cut 1 (one) strip of 9½" x WOF, then subcut into:
  - 6 (six) 9½" x 4" rectangles

Magenta Fabric
- Cut 3 (three) strips of 3½" x WOF
- Cut 1 (one) strip of 9½" x WOF, then subcut into:
  - 8 (eight) 9½" x 5" rectangles
- Cut 1 (one) strip of 11" x WOF, then subcut into:
  - 2 (two) 11" squares

- Cut 1 (one) strip of 5" x WOF, then subcut into:
  - 8 (eight) 5" squares
- Cut 1 (one) strip of 9½" x WOF, then subcut into:
  - 4 (four) 9½" x 4" rectangles

Pink Fabric
- Cut 3 (three) strips of 3½" x WOF
- Cut 1 (one) strip of 9½" x WOF, then subcut into:
  - 8 (eight) 9½" x 5" rectangles
- Cut 1 (one) strip of 11" x WOF, then subcut into:
  - 2 (two) 11" squares
- Cut 1 (one) strip of 5" x WOF, then subcut into:
  - 8 (eight) 5" squares
- Cut 1 (one) strip of 9½" x WOF, then subcut into:
  - 4 (four) 9½" x 4" rectangles

Purple Fabric
- Cut 3 (three) strips of 3½" x WOF
- Cut 1 (one) strips of 9½" x WOF, then subcut into:
  - 8 (eight) 9½" x 5" rectangles
- Cut 1 (one) strip of 11" x WOF, then subcut into:
  - 2 (two) 11" squares
- Cut 1 (one) strip of 5" x WOF, then subcut into:
  - 8 (eight) 5" squares
- Cut 1 (one) strip of 9½" x WOF, then subcut into:
  - 4 (four) 9½" x 4" rectangles

INSTRUCCIONES DE CORTE

Fondo (negro)
- Cortar 21 (veintiuno) tiras de 3½" por el ancho de tela
- Cortar 3 (tres) tiras de 9½" x el ancho de tela, y luego sobre cortar:
  - 18 (dieciocho) rectángulos de 9½" x 5½"
- Cortar 3 (tres) tiras de 11" por el ancho de tela, y luego sobre cortar:
  - 9 (nueve) cuadrados de 11"
- Cortar 14 (catorce) tiras de 5" por el ancho de tela, y luego sobre cortar:
  - 108 (ciento ocho) cuadrados de 5"

Tela roja
- Cortar 3 (tres) tiras de 3½" por el ancho de tela
- Cortar 2 (dos) tiras de 9½" por el ancho de tela, y luego sobre cortar:
  - 12 (doce) rectángulos de 9½" x 5"
- Cortar 1 (una) tira de 11" por el ancho de tela, y luego sobre cortar:
  - 3 (tres) cuadrados de 11"
- Cortar 2 (dos) tiras de 5" por el ancho de tela, y luego sobre cortar:
  - 12 (doce) cuadrados de 5"
- Cortar 1 (una) tira de 9½" por el ancho de tela, y luego sobre cortar:
  - 6 (seis) 9½" x 4" rectángulos

Tela magenta
- Cortar 3 (tres) tiras de 3½" por el ancho de tela
- Cortar 1 (una) tira de 9½" por el ancho de tela, y luego sobre cortar:
  - 8 (ocho) rectángulos de 9½" x 5"
- Cortar 1 (una) tira de 11" por el ancho de tela, y luego sobre cortar:
  - 2 (dos) cuadrados de 11"

- Cortar 1 (una) tira de 5" por el ancho de tela, y luego sobre cortar:
  - 8 (ocho) cuadrados de 5"
- Cortar 1 (una) tira de 9½" por el ancho de tela, y luego sobre cortar:
  - 4 (cuatro) 9½" x 4" rectángulos

Tela rosada
- Cortar 3 (tres) tiras de 3½" por el ancho de tela
- Cortar 1 (una) tira de 9½" por el ancho de tela, y luego sobre cortar:
  - 8 (ocho) rectángulos de 9½" x 5"
- Cortar 1 (una) tira de 11" por el ancho de tela, y luego sobre cortar:
  - 2 (dos) cuadrados de 11"
- Cortar 1 (una) tira de 5" por el ancho de tela, y luego sobre cortar:
  - 8 (ocho) cuadrados de 5"
- Cortar 1 (una) tira de 9½" por el ancho de tela, y luego sobre cortar:
  - 4 (cuatro) 9½" x 4" rectángulos

Tela morada
- Cortar 3 (tres) tiras de 3½" por el ancho de tela
- Cortar 1 (una) tira de 9½" por el ancho de tela, y luego sobre cortar:
  - 8 (ocho) rectángulos de 9½" x 5"
- Cortar 1 (una) tira de 11" por el ancho de tela, y luego sobre cortar:
  - 2 (dos) cuadrados de 11"
- Cortar 1 (una) tira de 5" por el ancho de tela, y luego sobre cortar:
  - 8 (ocho) cuadrados de 5"
- Cortar 1 (una) tira de 9½" por el ancho de tela, y luego sobre cortar:
  - 4 (cuatro) 9½" x 4" rectángulos

MAKING THE HALF-CIRCLE BLOCKS
CONSTRUCCIÓN DE LOS BLOQUES DE MEDIO CÍRCULO

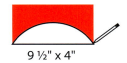

9 ½" x 4"

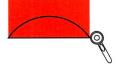

Step 1: Place the half-circle template for the Atardecer Table Runner (see page 160) on top of a 9½" x 4" red rectangle. Trace the shape and cut it out.

Paso 1: Colocar la plantilla de medio círculo para el Camino de mesa "Atardecer" (ir a la página 160) encima de un rectángulo rojo de 9½" x 4". Trazar la forma y cortarla.

Step 2: Repeat this process to create 6 (six) red half circles, 4 (four) magenta half circles, 4 (four) pink half circles, and 4 (four) purple half circles.

Paso 2: Repetir este proceso para crear 6 (seis) medio círculos rojos, 4 (cuatro) medio círculos magenta, 4 (cuatro) medio círculos rosados, 4 (cuatro) y medio círculos morados.

Zigzag stitch
Puntada en zigzag

Straight stitch
Puntada recta

Step 3: Take a 9½" x 5½" black rectangle and place a red half circle on top, aligning the straight edge of the half circle with the bottom edge of the black rectangle. Pin it in place. Sew along the curve of the red half circle using a zigzag stitch or a straight stitch.

Paso 3: Tomar un rectángulo negro de 9½" x 5½" y colocar un medio círculo rojo encima, alineando el borde recto del medio círculo con el borde inferior del rectángulo negro. Sujetar con alfileres. Coser a lo largo de la curva del medio círculo rojo utilizando una puntada en zigzag o una puntada recta.

Step 4: Repeat this process to create 6 (six) red half-circle blocks, 4 (four) magenta half-circle blocks, 4 (four) pink half-circle blocks, and 4 (four) purple half-circle blocks.

Paso 4: Repetir este proceso para crear 6 (seis) bloques de medio círculo rojos, 4 (cuatro) bloques de medio círculo magenta, 4 (cuatro) bloques de medio círculo rosados y 4 (cuatro) bloques de medio círculo morados.

MAKING THE 9-PATCH BLOCKS
CONSTRUCCIÓN DE LOS BLOQUES DE 9 CUADRADOS

Step 1: Using the instructions for the 9-Patch Block found on page 76, create 6 (six) black and red, 4 (four) black and magenta, 4 (four) black and pink, and 4 (four) black and purple.

Paso 1: Usando las instrucciones para el Bloque de 9 cuadrados que se encuentran en la página 76, crear 6 (seis) negro y rojo, 4 (cuatro) negro y magenta, 4 (cuatro) negro y rosado y 4 (cuatro) negro y morado.

MAKING THE FLYING GEESE BLOCKS
CONSTRUCCIÓN DE LOS BLOQUES DEL VUELO DE LA OCA

Step 1: Using the instructions for the Flying Geese Block found on page 87, create 12 (twelve) black and red, 8 (eight) black and magenta, 8 (eight) black and pink, and 8 (eight) black and purple.

Paso 1: Usando las instrucciones para el Bloque del vuelo de la oca que se encuentran en la página 87, crear 12 (doce) negro y rojo, 8 (ocho) negro y magenta, 8 (ocho) negro y rosado y 8 (ocho) negro y morado.

Sew with a ¼" seam allowance.
Coser con un margen de costura de ¼".

Step 2: Then, sew 2 (two) black-and-red Flying Geese blocks together along the long edges using a ¼" seam allowance to form a square block measuring 9½".

Paso 2: Luego, coser 2 (dos) bloques del vuelo de la oca en color negro y rojo juntos a lo largo de los bordes largos, usando un margen de costura de ¼" para formar un bloque cuadrado que mida 9½".

Step 3: Repeat the previous step to create 6 (six) black and red, 4 (four) black and magenta, 4 (four) black and pink, and 4 (four) black and purple.

Paso 3: Repetir el paso anterior para crear 6 (seis) negro y rojo, 4 (cuatro) negro y magenta, 4 (cuatro) negro y rosado y 4 (cuatro) negro y morado.

MAKING THE QUARTER-SQUARE TRIANGLE BLOCKS
CONSTRUCCIÓN DE LOS BLOQUES DE TRIÁNGULO DE UN CUARTO DE CUADRADO

Step 1: Using the instructions for the Quarter-Square Triangle Block found on page 83, create 6 (six) black and red, 4 (four) black and magenta, 4 (four) black and pink, and 4 (four) black and purple.

Paso 1: Usando las instrucciones para el Bloque de triángulo de un cuarto de cuadrado que se encuentran en la página 83, crear 6 (seis) negro y rojo, 4 (cuatro) negro y magenta, 4 (cuatro) negro y rosado y 4 (cuatro) negro y morado.

MAKING THE PINWHEEL BLOCKS
CONSTRUCCIÓN DE LOS BLOQUES DE MOLINO

Step 1: Using the instructions for the Half-Square Triangle Block found on page 80, create 12 (twelve) black and red, 8 (eight) black and magenta, 8 (eight) black and pink, and 8 (eight) black and purple.

Paso 1: Usando las instrucciones para el Bloque de triángulo medio cuadrado que se encuentran en la página 80, crear 12 (doce) negro y rojo, 8 (ocho) negro y magenta, 8 (ocho) negro y rosado y 8 (ocho) negro y morado.

Step 2: Arrange the 4 (four) HSTs in a pinwheel layout, alternating black and red triangles to create the pinwheel design. Ensure that the black triangles form a clockwise spiral.

Paso 2: Organizar los 4 (cuatro) TMC en un diseño de molino de viento, alternando TMC negros y rojos para crear el diseño del molino. Asegúrate de que los triángulos negros formen una espiral en el sentido de las agujas del reloj.

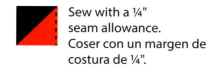 Sew with a ¼"
seam allowance.
Coser con un margen de
costura de ¼".

Step 3: Sew the top 2 (two) HSTs together along their shared edge using a ¼" seam allowance.

Paso 3: Coser los 2 (dos) TMC superiores juntos a lo largo de su borde compartido usando un margen de costura de ¼".

 Sew with a ¼"
seam allowance.
Coser con un margen de
costura de ¼".

Step 4: Sew the bottom 2 (two) HSTs together along their shared edge using a ¼" seam allowance. Press the seams in opposite directions to nest them.

Paso 4: Coser los 2 (dos) TMC inferiores juntos a lo largo de su borde compartido usando un margen de costura de ¼". Planchar las costuras en direcciones opuestas para que encajen correctamente.

 Sew with a ¼"
seam allowance.
Coser con un margen de
costura de ¼".

Step 5: Sew the top and bottom rows together, matching the seams at the center point. Pin to ensure precision. Press the final seam open. Square up the block to measure 9½" square, trimming if necessary.

Paso 5: Coser las filas superior e inferior juntas, alineando las costuras en el punto central. Sujetar con alfileres para garantizar precisión. Planchar la costura final abierta. El bloque debe ser un cuadrado de 9½", cortar si es necesario.

Step 6: Repeat the previous step to create 3 (three) black and red, 2 (two) black and magenta, 2 (two) black and pink, and 2 (two) black and purple.

Paso 6: Repetir el paso anterior para crear 3 (tres) negro y rojo, 2 (dos) negro y magenta, 2 (dos) negro y rosado y 2 (dos) negro y morado.

SASHING
FAJA

Step 1: Take 2 (two) black fabric strips measuring 3½" x WOF. Sew them together along 1 (one) short edge to create a single strip measuring 3½" x 81½".

Paso 1: Tomar 2 (dos) tiras de tela negra que midan 3½" x WOF. Coserlas juntas a lo largo de 1 (un) borde corto para crear una sola tira que mida 3½" x 81½".

Step 2: Repeat this process to make a total of 6 (six) strips and set aside.

Paso 2: Repetir este proceso para hacer un total de 6 (seis) tiras y dejar a un lado.

QUILT TOP ASSEMBLY
ENSAMBLE DE LA PARTE SUPERIOR DEL QUILT

Step 1: For Row 1, sew 9 (nine) half-circle blocks together using a ¼" seam allowance, with the circle shapes facing down, in the following color order: Red-Magenta-Pink-Purple-Red-Magenta-Pink-Purple-Red.

Paso 1: Para la Fila 1, coser 9 (nueve) bloques de medio círculo utilizando un margen de costura de ¼", con las formas de los círculos hacia abajo, en el siguiente orden de colores: Rojo-Magenta-Rosado-Morado-Rojo-Magenta-Rosado-Morado-Rojo.

Step 2: For Row 2, sew 9 (nine) 9-Patch blocks together with ¼" seam allowance in the following color order: Red-Magenta-Pink-Purple-Red-Magenta-Pink-Purple-Red. Repeat this step to make a total of 2 (two) of Row 2.

Paso 2: Para la Fila 2, coser 9 (nueve) bloques de 9 cuadrado juntos con un margen de costura de ¼" en el siguiente orden de colores: Rojo-Magenta-Rosado-Morado-Rojo-Magenta-Rosado-Morado-Rojo. Repetir este paso para hacer un total de 2 (dos) de Filas 2.

Step 3: For Row 3, sew 9 (nine) Flying Geese blocks together using a ¼" seam allowance, ensuring the black squares are positioned on the right side, in the following color order: Red-Magenta-Pink-Purple-Red-Magenta-Pink-Purple-Red.

Paso 3: Para la Fila 3, Coser 9 (nueve) bloques de vuelo de la oca usando un margen de costura de ¼", asegurándose de que los cuadrados negros estén colocados en el lado derecho, en el siguiente orden de colores: Rojo-Magenta-Rosado-Morado-Rojo-Magenta-Rosado-Morado-Rojo.

Step 4: For Row 4, sew 9 (nine) Quarter-Square Triangle blocks together with ¼" seam allowance in the following color order: Red-Magenta-Pink-Purple-Red-Magenta-Pink-Purple-Red. Repeat this step to make a total of 2 (two) of Row 4.

Paso 4: Para la Fila 4, coser 9 (nueve) bloques de triángulo de un cuarto de cuadrado con un margen de costura de ¼" en el siguiente orden de colores: Rojo-Magenta-Rosado-Morado-Rojo-Magenta-Rosado-Morado-Rojo. Repetir este paso para hacer un total de 2 (dos) de Filas 4.

Step 5: For Row 5, sew 9 (nine) Pinwheel blocks together with ¼" seam allowance in the following color order: Red-Magenta-Pink-Purple-Red-Magenta-Pink-Purple-Red.

Paso 5: Para la Fila 5, coser 9 (nueve) bloques de molino con un margen de costura de ¼" en el siguiente orden de colores: Rojo-Magenta-Rosado-Morado-Rojo-Magenta-Rosado-Morado-Rojo.

Step 6: For Row 6, sew 9 (nine) Flying Geese blocks together using a ¼" seam allowance, ensuring the black squares are positioned on the left side, in the following color order: Red-Magenta-Pink-Purple-Red-Magenta-Pink-Purple-Red.

Paso 6: Para la Fila 6, coser 9 (nueve) bloques de vuelo de la oca usando un margen de costura de ¼", asegurándose de que los cuadrados negros estén colocados en el lado izquierdo, en el siguiente orden de colores: Rojo-Magenta-Rosado-Morado-Rojo-Magenta-Rosado-Morado-Rojo.

Step 7: For Row 7, sew 9 (nine) half-circle blocks together using a ¼" seam allowance, with the circle shapes facing up, in the following color order: Red-Magenta-Pink-Purple-Red-Magenta-Pink-Purple-Red.

Paso 7: Para la Fila 7, coser 9 (nueve) bloques de medio círculo usando un margen de costura de ¼", con las formas de los círculos hacia arriba, en el siguiente orden de colores: Rojo-Magenta-Rosado-Morado-Rojo-Magenta-Rosado-Morado-Rojo.

FINAL ASSEMBLY
ENSAMBLE FINAL

Step 1: Place Row 1 and 1 (one) Row 2 right sides together. Pin in place and sew with a ¼" seam allowance. Press the seam toward Row 1.

Paso 1: Colocar la Fila 1 y 1 (una) Fila 2 con los lados derechos juntos. Sujetar con alfileres y coser con un margen de costura de ¼". Planchar la costura hacia la Fila 1.

Step 2: Place 1 (one) sashing strip right sides together with Row 2 and pin in place. Sew with a ¼" seam allowance. Press the seam toward the sashing.

Paso 2: Colocar 1 (una) tira de faja con los lados derechos juntos de la Fila 2 y fijar con alfileres en su lugar. Coser con un margen de costura de ¼". Planchar la costura hacia la faja.

Step 3: Place Row 3 right sides together with the previous sashing strip and pin in place. Sew with a ¼" seam allowance. Press the seam toward the sashing.

Paso 3: Colocar la Fila 3 con los lados derechos junto de la tira de faja anterior y sujetar con alfileres en su lugar. Coser con un margen de costura de ¼". Planchar la costura hacia la faja.

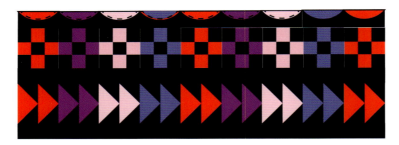

Step 4: Place 1 (one) sashing strip right sides together with Row 3 and pin in place. Sew with a ¼" seam allowance. Press the seam toward the sashing.

Paso 4: Colocar 1 (una) tira de faja con lados derechos junto de la Fila 3 y sujetar con alfileres en su lugar. Coser con un margen de costura de ¼". Planchar la costura hacia la faja.

Step 5: Place 1 (one) Row 4 right sides together with the previous sashing strip and pin in place. Sew with a ¼" seam allowance. Press the seam toward the sashing.

Paso 5: Colocar 1 (una) Fila 4 con los lados derechos junto de la tira de faja anterior y sujetar con alfileres en su lugar. Coser con un margen de costura de ¼". Planchar la costura hacia la faja.

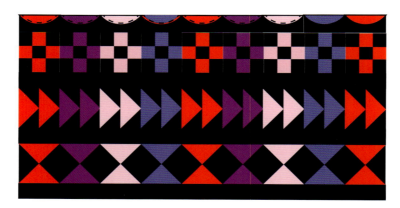

Step 6: Place 1 (one) sashing strip right sides together with Row 4 and pin in place. Sew with a ¼" seam allowance. Press the seam toward the sashing.

Paso 6: Colocar 1 (una) tira de faja con lados derechos junto de la Fila 4 y sujetar con alfileres en su lugar. Coser con un margen de costura de ¼". Planchar la costura hacia la faja.

Step 7: Place Row 5 right sides together with the previous sashing strip and pin in place. Sew with a ¼" seam allowance. Press the seam toward the sashing.

Paso 7: Colocar la Fila 5 con los lados derechos junto de la tira de faja anterior y sujetar con alfileres en su lugar. Coser con un margen de costura de ¼". Planchar la costura hacia la faja.

Step 8: Place 1 (one) sashing strip right sides together with Row 5 and pin in place. Sew with a ¼" seam allowance. Press the seam toward the sashing.

Paso 8: Colocar 1 (una) tira de faja con lados derechos junto de la Fila 5 y sujetar con alfileres en su lugar. Coser con un margen de costura de ¼". Planchar la costura hacia la faja.

Step 9: Place 1 (one) Row 4 right sides together with the previous sashing strip and pin in place. Sew with a ¼" seam allowance. Press the seam toward the sashing.

Paso 9: Colocar 1 (una) Fila 4 con los lados derechos junto de la tira de faja anterior y sujetar con alfileres en su lugar. Coser con un margen de costura de ¼". Planchar la costura hacia la faja.

Step 10: Place 1 (one) sashing strip right sides together with Row 4 and pin in place. Sew with a ¼" seam allowance. Press the seam toward the sashing.

Paso 10: Colocar 1 (una) tira de faja con lados derechos junto de la Fila 4 y sujetar con alfileres en su lugar. Coser con un margen de costura de ¼". Planchar la costura hacia la faja.

Step 11: Place Row 6 right sides together with the previous sashing strip and pin in place. Sew with a ¼" seam allowance. Press the seam toward the sashing.

Paso 11: Colocar la Fila 6 con los lados derechos junto de la tira de faja anterior y sujetar con alfileres en su lugar. Coser con un margen de costura de ¼". Planchar la costura hacia la faja.

Step 12: Place 1 (one) sashing strip right sides together with Row 6 and pin in place. Sew with a ¼" seam allowance. Press the seam toward the sashing.

Paso 12: Colocar 1 (una) tira de faja con lados derechos junto de la Fila 6 y sujetar con alfileres en su lugar. Coser con un margen de costura de ¼". Planchar la costura hacia la faja.

Step 13: Place 1 (one) Row 2 right sides together with the previous sashing strip and pin in place. Sew with a ¼" seam allowance. Press the seam toward the sashing.

Paso 13: Colocar 1 (una) Fila 2 con los lados derechos junto de la tira de faja anterior y sujetar con alfileres en su lugar. Coser con un margen de costura de ¼". Planchar la costura hacia la faja.

Step 14: Place Row 7 right sides together with Row 2 and pin in place. Sew with a ¼" seam allowance. Press the seam toward Row 7. The quilt top is finished, and it should measure 81½" x 92½". It is recommended to give the quilt top a final press, and it is ready to quilt and bind as desired.

Paso 14: Colocar la Fila 7 con los lados derechos junto de la Fila 2 y sujetar con alfileres. Coser con un margen de costura de ¼". Presione la costura hacia la Fila 7. La parte superior del quilt está terminada y debe medir 81½" x 92½". Se recomienda planchar la parte superior del quilt una vez más y estará lista para acolchar y agregar el bies.

Video tutorial available in English and Spanish on the Quilting with Latinas YouTube channel.

Video tutorial disponible en inglés y español en el canal de YouTube de Quilting with Latinas.

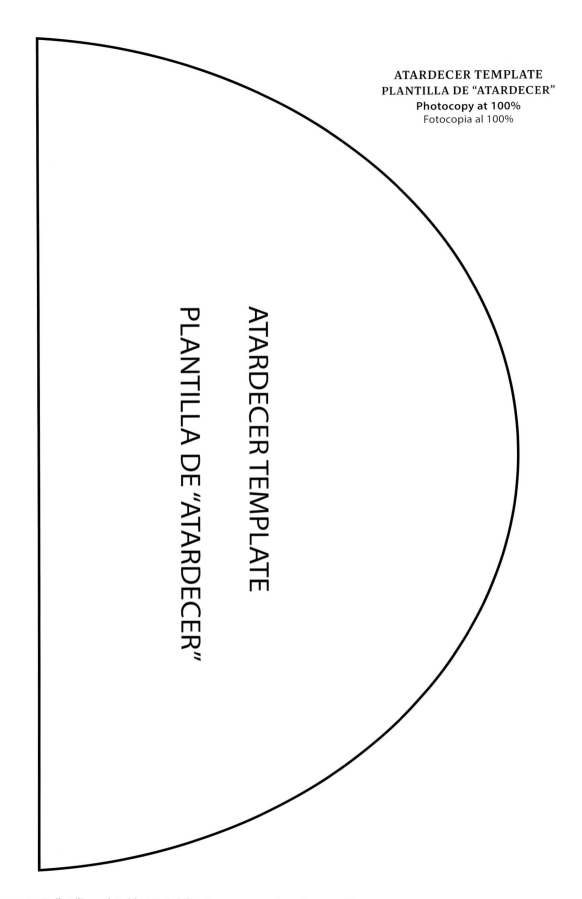

ATARDECER TEMPLATE
PLANTILLA DE "ATARDECER"
Photocopy at 100%
Fotocopia al 100%

ATARDECER TEMPLATE
PLANTILLA DE "ATARDECER"

Basic Conversion Tables
Tablas básica de conversion

Inches Pulgadas	Centimeters Centímetros
¹⁄₁₆"	0.2cm
⅛"	0.3cm
¼"	0.6cm
½"	1.3cm
1"	2.5cm
1½"	3.8cm
2"	5.1cm
2½"	6.4cm
3"	7.6cm
3½"	8.9cm
4"	10.2cm
4½"	11.4cm
4¾"	12.1cm
5"	12.7cm
5½"	14cm
6"	15.2cm
6½"	16.5cm
8"	20.3cm
8½"	21.6cm
9"	22.9cm
9½"	24.1cm
10"	25.4cm
10½"	26.7cm
11"	27.9cm
12"	30.5cm
12½"	31.8cm
14"	35.6cm
14½"	36.8cm
16½"	41.9cm

Inches Pulgadas	Centimeters Centímetros
17"	43.2cm
18"	45.7cm
18½"	47cm
20½"	52.1cm
22"	55.9cm
24"	61cm
29"	73.7cm
36"	91.4cm
40½"	102.9cm
45"	114.3cm
50"	127cm
50½"	128.3cm
52"	132.1cm
60"	152.4cm
66"	167.6cm
69"	175.3cm
69½"	176.5cm
72"	182.9cm
80"	203.2cm
81"	205.7cm
81½"	207cm
90"	228.6cm
92"	233.7cm
92½"	235cm
95"	241.3cm
96"	243.8cm
105"	266.7cm
110"	279.4cm
120"	304.8cm

Yards Yardas	Meters Metros
¼ yd	0.2m
⅜ yd	0.3m
½ yd	0.5m
¾ yd	0.7m
1 yd	0.9m
1⅓ yds	1.2m
1⅝ yds	1.5m
1⅔ yds	1.5m
2 yds	1.8m
3⅜ yds	3.1m
5¾ yds	5.3m
8½ yds	7.8m

Glossary
El glosario

Common quilting terms in both English and Spanish are listed alphabetically. Therefore, the words in the left and right columns may not directly correspond. To help with cross-referencing, each definition includes a translation of the term.

A

AccuQuilt: A brand of die-cutting systems used for cutting fabric pieces precisely and efficiently. *Spanish: AccuQuilt.*

Altered Block: A quilt block that has been modified from its original design, either by changing its size or shape or by adding extra elements. *Spanish: Bloque alterado.*

Appliqué: A technique where fabric pieces are sewn onto a background fabric. This can be done by hand or machine, and edges can be finished with various stitches. *Spanish: Aplicación.*

Aurifil: A brand of high-quality cotton thread often used in quilting for piecing, appliqué, and quilting. *Spanish: Aurifil.*

B

Backing: The fabric used for the back layer of a quilt. It can be a single piece or pieced together. *Spanish: Parte posterior.*

Basting: It is a temporary method of holding layers of fabric together using long, easily removable stitches or adhesive methods. In quilting, basting is often used to secure the quilt top, batting, and backing layers before the final quilting stitches are applied. It prevents the layers from shifting and ensures accuracy during the quilting process. Once the final quilting is complete, the basting is removed. *Spanish: Hilvanado.*

Batting: The layer of insulating material placed between the quilt top and the backing. Batting can be made from cotton, polyester, wool, or blends. *Spanish: Punzonado/guata.*

Bias: The diagonal direction of the fabric grain, which is often used for creating curves or stretching fabric. Bias Tape is a strip of fabric cut on the bias, used for binding or finishing edges. *Spanish: Sesgo.*

Términos comunes de quilting en inglés y español están listados en orden alfabético. Por lo tanto, las palabras en las columnas izquierda y derecha pueden no corresponder directamente. Para facilitar la consulta cruzada, cada definición incluye la traducción del término.

A

AccuQuilt: Una marca de sistemas de corte por troqueles utilizados para cortar piezas de tela de manera precisa y eficiente. *Inglés: AccuQuilt.*

Acolchado: El proceso de coser las capas de la colcha (superior, guata y respaldo) para asegurarlas juntas, ya sea a mano o a máquina. *Inglés: Quilting.*

Acolchado a mano: El proceso de coser todas las capas de una colcha a mano, utilizando aguja e hilo. *Inglés: Hand Quilting.*

Acolchado a máquina: Acolchado realizado con una máquina de coser, que puede variar desde costuras básicas en línea recta hasta diseños complejos de movimiento libre. *Inglés: Machine Quilting.*

Acolchado con movimiento libre: Una técnica de acolchado en la que se utiliza la máquina de coser para coser libre y creativamente sobre la superficie del edredón, creando patrones y diseños. *Inglés: Free Motion Quilting.*

Acolchado de brazo largo: Método de acolchado en el que se utiliza una máquina de coser de brazo largo para acolchar edredones grandes de manera eficiente. La máquina está montada sobre un bastidor, lo que permite un movimiento suave y diseños de acolchados a gran escala. *Inglés: Longarm Quilting.*

Acolchado de improvisación: Estilo de acolchado moderno y expresivo que enfatiza la espontaneidad y la creatividad. A diferencia de los métodos de acolchado tradicionales que a menudo siguen patrones y medidas precisos, el acolchado de improvisación anima a los quilters a explorar su creatividad sin pautas estrictas. *Inglés: Improv Quilting.*

Acolchado moderno: Es un enfoque contemporáneo del acolchado que combina técnicas tradicionales con principios de diseño innovadores. Surgió como un movimiento distintivo en la comunidad del quilting a principios de la década de 2000 y se caracteriza por una estética minimalista, colores llamativos y alto contraste, patrones simplificados, uso innovador de telas, diseños

Binding: In quilting, binding refers to the strip of fabric that is sewn around the edges of a finished quilt to enclose the raw edges, adding durability and giving it a neat, polished appearance. Binding is usually cut on the bias or straight grain, folded, and then stitched in place, either by hand or machine. It can also be decorative, adding a pop of color or contrast that frames the quilt beautifully. *Spanish: Bies.*

Block: A unit of a quilt pattern, typically pieced together from several fabrics to form a larger design. Common block sizes include 6", 12", and 18" squares. *Spanish: Bloque.*

Border: The fabric that surrounds the main quilt top, adding visual interest and providing a frame for the quilt. *Spanish: Borde.*

C

Chain Piecing: A method of sewing multiple pieces of fabric together in a chain without cutting the thread between pieces to increase efficiency. *Spanish: Costura en cadena.*

Charm Pack: A pre-cut fabric bundle consisting of 5" square pieces from a coordinated fabric line. *Spanish: Charm Pack.*

Colorway: The specific set of colors used in a fabric collection or quilt design. *Spanish: Combinación de colores.*

Crazy Quilting: A technique involving irregularly shaped pieces of fabric to create a unique design. *Spanish: Patchwork loco.*

Cross-Cutting: Cutting fabric strips or pieces perpendicular to the grain to create different shapes or blocks. *Spanish: Corte transversal.*

D

Double-Fold Binding: Binding made by folding a strip of fabric in half lengthwise, then folding the edges in toward the center, creating a finished edge on both sides. *Spanish: Encuadernación con doble pliegue.*

Drafting: The process of designing quilt patterns and layouts, often using graph paper or design software. *Spanish: Redacción.*

Dresden Plate: A traditional quilt block pattern with a circular design made from wedge-shaped pieces radiating from a central point. *Spanish: Plato dresden.*

E

English Paper Piecing (EPP): A hand-piecing technique where fabric pieces are basted around paper templates and then stitched together to create intricate patterns. *Spanish: Técnica de papel inglesa.*

divertidos y abstractos, enfoque en la artesanía y la expresión artística. *Inglés: Modern Quilting.*

Alijo: Una colección de telas, hilos y suministros para acolchar acumulados por un quilter para proyectos futuros. *Inglés: Stash.*

Aplicación: Es una técnica en la que se cosen piezas de tela sobre un tejido de fondo. Esto se puede hacer a mano o a máquina, y los bordes se pueden coser con varios tipos de costuras. *Inglés: Appliqué.*

Aurifil: Una marca de hilo de algodón de alta calidad, a menudo utilizado en quilting para ensamblaje, aplicación y acolchado. *Inglés: Aurifil.*

B

Bies: En el quilting, el binding es la tira de tela que se cose alrededor de los bordes de un quilt terminado para encerrar los bordes sin rematar, aportar durabilidad y darle un aspecto prolijo y profesional. Normalmente se corta al bies o al hilo recto, se dobla y luego se cose, ya sea a mano o a máquina. Además de ser funcional, el bies también puede ser decorativo, agregando un toque de color o contraste que enmarca el quilt de manera hermosa. *Inglés: Binding.*

Bloque: Una unidad de un patrón de quilt, generalmente ensamblado a partir de varias telas para formar un diseño más grande. Los tamaños de bloque comunes incluyen cuadrados de 6 pulgadas, 12 pulgadas y 18 pulgadas. *Inglés: Block.*

Bloque alterado: Un bloque de quilt que ha sido modificado respecto a su diseño original, ya sea cambiando su tamaño o forma, o añadiendo elementos adicionales. *Inglés: Altered Block.*

Bloque del vuelo de la oca: Un patrón de bloques de colcha que consta de un rectángulo central flanqueado por dos triángulos a cada lado, que se asemeja a una bandada de gansos voladores. *Inglés: Flying Geese.*

Bloque de un quilt: Unidad de un patrón de colcha, generalmente compuesta de varias telas para formar un diseño más grande. *Inglés: Quilt Block.*

Bloque de triángualos cuartos (BTC): Se refiere a una unidad cuadrada compuesta por dos o más telas que se dividen diagonalmente dos veces, creando cuatro secciones triangulares dentro del cuadrado. Este bloque se crea al cortar un cuadrado dos veces en diagonal (de esquina a esquina) o al coser dos triángulos de medio cuadrado (TMC) juntos. Se utiliza comúnmente en patrones de acolchado para agregar ángulos dinámicos y movimiento al diseño. Los triángulos de cuarto de cuadrado son esenciales para crear bloques de acolchado complejos, como las estrellas dentadas y otros diseños tradicionales de patchwork. *Inglés: Quarter-Square Triangle (QST).*

F

Fat Quarter (FQ): A fabric cut measuring 18" x 22", often used in quilting for its versatility and ease of use. *Spanish: Fat Quarter (FQ).*

Flying Geese: A quilt block pattern consisting of a central rectangle flanked by two triangles on each side, resembling a flock of flying geese. *Spanish: Bloque del vuelo de la oca.*

Foundation Paper Piecing (FPP): A technique where fabric pieces are sewn onto a paper or fabric foundation to create precise quilt blocks. *Spanish: Fundación en papel.*

Free-Motion Quilting: A quilting technique where the sewing machine is used to stitch freely and creatively over the quilt surface, creating patterns and designs. *Spanish: Acolchado con movimiento libre.*

Fusible Web: A popular product used in quilting and fabric arts for applying shapes or motifs to a background fabric. It is essentially a sheet of adhesive material that can be fused to fabric using heat. *Spanish: Entretela adhesiva.*

G

Gingham: A fabric pattern characterized by a checked design, often used for its classic, simple look. *Spanish: Guingán.*

Grain: The direction of the threads in fabric. Straight grain runs parallel to the selvage, cross grain runs perpendicular, and bias grain runs diagonally. *Spanish: Grano de la tela.*

H

Half-Square Triangle (HST): A triangle shape created by sewing two squares together along the diagonal, resulting in two triangles. *Spanish: Triángulo medio cuadrado (TMC).*

Hand Quilting: The process of stitching through all layers of a quilt by hand, using a needle and thread. *Spanish: Acolchado a mano.*

HST: Another term for half-square triangle, used in various quilt block designs. *Spanish: Triángulo medio cuadrado (TMC).*

I

Improv Quilting: Modern and expressive quilting style that emphasizes spontaneity and creativity. Unlike traditional quilting methods that often follow precise patterns and measurements, improv quilting encourages quilters to explore their creativity without strict guidelines. *Spanish: Acolchado de improvisación.*

Bloque de vaso: Una forma de bloque de colcha que se asemeja a un vaso o vaso, que se utiliza a menudo en los patrones de colchas tradicionales. *Inglés: Tumbler Block.*

Bloque X: Un diseño de bloque de colcha que presenta una forma de "X", que a menudo se usa en varios patrones para lograr interés visual. *Inglés: X-Block.*

Borde: La tela que rodea la parte superior principal del quilt, añadiendo interés visual y proporcionando un marco para el quilt. *Inglés: Border.*

C

Cabaña de troncos: Un patrón de bloques de colcha tradicional hecho cosiendo tiras de tela alrededor de un cuadrado central, creando un patrón de tiras alternas claras y oscuras. *Inglés: Log Cabin.*

Capa base: Una capa delgada de tela o guata que se usa para estabilizar o proteger la superficie de una colcha. *Inglés: Underlay.*

Cerca de carril: Es un bloque tradicional de quiltingque se crea al coser tiras de tela (llamadas "rieles o carriles") para formar una unidad rectangular. Estas unidades luego se disponen en varias orientaciones para formar un diseño que recuerda a una cerca de carril. Es un patrón versátil y fácil para principiantes que puede organizarse de distintas formas (recta, diagonal o en zigzag) para lograr diferentes efectos visuales. *Inglés: Rail Fence.*

Charm Pack: un paquete de telas precortadas que consta de piezas cuadradas de 5 pulgadas de una línea de telas coordinadas. *Inglés: Charm Pack.*

Colcha caleidoscopio: Un diseño de colcha que utiliza patrones repetidos para crear un efecto caleidoscopio, que a menudo involucra arreglos simétricos o asimétricos. *Inglés: Kaleidoscope Quilt.*

Combinación de colores: el conjunto específico de colores utilizados en una colección de telas o diseño de colchas. *Inglés: Colorway.*

Cortador rotatorio: Herramienta de corte con hoja circular que se utiliza para cortar tela en formas y tamaños precisos. *Inglés: Rotary Cutter.*

Corte transversal: Cortar tiras o trozos de tela de forma perpendicular a la fibra para crear diferentes formas o bloques. *Inglés: Cross-Cutting.*

Costura en cadena: método para coser varias piezas de tela juntas en una cadena sin cortar el hilo entre las piezas para aumentar la eficiencia. *Inglés: Chain Piecing.*

Costura en tiras: Técnica en la que se cosen tiras de tela, se cortan en unidades más pequeñas y luego se unen en bloques de colchas. *Inglés: Strip Piecing.*

Costura en Y: Tipo de costura en la que tres piezas de tela se unen en forma de "Y", lo que requiere una costura cuidadosa para garantizar la precisión. *Inglés: Y-Seam.*

Inset Seam: A seam that is sewn into an existing seam, often used for adding pieces or patches to a quilt block. *Spanish: Costura insertada.*

Interfacing: A fabric used to add stiffness or structure to quilt elements or garments. *Spanish: Entretela.*

J

Jelly Roll: A pre-cut fabric bundle consisting of 2½" wide strips, often from a coordinated fabric line or collection. *Spanish: Jelly Roll.*

Join: The act of sewing two pieces of fabric together, typically along a seam. *Spanish: Unir.*

K

Kaleidoscope Quilt: A quilt design that uses repeating patterns to create a kaleidoscope effect, often involving symmetrical or geometric arrangements. *Spanish: Colcha caleidoscopio.*

L

Layer Cake: A pre-cut fabric bundle consisting of 10" squares, usually from a coordinated fabric line. *Spanish: Layer Cake.*

Log Cabin: A traditional quilt block pattern made by sewing strips of fabric around a central square, creating a pattern of alternating light and dark strips. *Spanish: Cabaña de troncos.*

Long Arm Quilting: A quilting method where a long arm sewing machine is used to quilt large quilts efficiently. The machine is mounted on a frame, allowing for smooth movement and large-scale quilting designs. *Spanish: Acolchado de brazo largo.*

M

Machine Quilting: Quilting done using a sewing machine, which can range from basic straight-line stitching to intricate free-motion designs. *Spanish: Acolchado a máquina.*

Mitered Corner: A technique for finishing quilt corners by folding the binding to create a neat, angled edge. *Spanish: Esquina en ángulo.*

Modern Quilting: A contemporary approach to quilting that blends traditional techniques with innovative design principles. It emerged as a distinct movement in the quilting community in the early 2000s and is characterized by minimalist aesthetic, bold colors and high contrast, simplified patterns, innovative use of fabrics, playful and abstract designs, focus on craftsmanship, and artistic expression. *Spanish: Acolchado moderno.*

Costura insertada: Una costura que se cose en una costura existente, que a menudo se usa para agregar piezas o parches a un bloque de colcha. *Inglés: Inset Seam.*

Costura vertical: Una costura que corre verticalmente a lo largo de la colcha, a menudo utilizada en arreglos de bloques. *Inglés: Vertical Seam.*

Costuras anidadas: Una técnica utilizada en la confección de colchas donde las costuras se presionan en direcciones opuestas para que se entrelacen, lo que permite una coincidencia más precisa de los puntos. *Inglés: Nesting Seams.*

D

Desplazamiento: Un elemento de diseño donde los bloques o patrones están desalineados intencionalmente para crear interés visual o movimiento. *Inglés: Offset.*

E

Encuadernación con doble pliegue: Encuadernación que se realiza doblando una tira de tela por la mitad a lo largo y luego doblando los bordes hacia el centro, creando un borde terminado en ambos lados. *Inglés: Double-Fold Binding.*

Enhebrado de agujas: El proceso de insertar hilo a través del ojo de una aguja, esencial tanto para coser a máquina como a mano. *Inglés: Needle Threading.*

Entretela: Tela utilizada para agregar rigidez o estructura a elementos o prendas de acolchado. *Inglés: Interfacing.*

Entretela adhesiva: Es un producto popular utilizado en acolchados y artes textiles para aplicar formas o motivos a una tela de fondo. Es esencialmente una lámina de material adhesivo que se puede fusionar con la tela mediante calor. *Inglés: Fusible Web.*

Esquina en ángulo: Una técnica para terminar las esquinas de una colcha doblando la encuadernación para crear un borde limpio y en ángulo. *Inglés: Mitered Corner.*

F

Faja: Tiras de tela que se usan para separar bloques del quilt, que a menudo se usan para crear una cuadrícula o agregar espacio visual entre bloques. *Inglés: Sashing.*

Fat Quarter (FQ): Un corte de tela que mide 18 x 22 pulgadas, que se usa a menudo en acolchado por su versatilidad y facilidad de uso. *Inglés: Fat Quarter (FQ).*

Fijar con alfileres: Usar alfileres para sujetar las piezas de tela mientras cose, asegurándose de que permanezcan en su lugar y alineadas correctamente. *Inglés: Pinning.*

Fundación en papel (FPP): Técnica en la que se cosen piezas de tela sobre una base de papel o tela para crear bloques de colchas precisos. *Inglés: Foundation Paper Piecing (FPP).*

Modular Quilt: A quilt made from repeating blocks or units that can be arranged in various ways to create different patterns. *Spanish: Quilt modular.*

N

Needle Threading: The process of inserting thread through the eye of a needle, essential for both machine and hand sewing. *Spanish: Enhebrado de agujas.*

Nesting Seams: A technique used in quilt piecing where seams are pressed in opposite directions so they interlock, allowing for more accurate matching of points. *Spanish: Costuras anidadas.*

O

Offset: A design element where blocks or patterns are intentionally misaligned to create visual interest or movement. *Spanish: Desplazamiento.*

P

Patchwork: The process of sewing together various fabric pieces to create a larger fabric piece, typically used for the quilt top. *Spanish: Patchwork.*

Pinning: Using pins to hold fabric pieces together while sewing, ensuring they stay in place and align correctly. *Spanish: Fijar con alfileres.*

Pre-Cut Fabrics: Fabrics that are pre-cut into specific shapes and sizes for convenience, such as Charm Packs, Jelly Rolls, and Layer Cakes. *Spanish: Telas precortadas.*

Pressing: The technique of using an iron to set seams and remove wrinkles, which is crucial for achieving accurate piecing and quilting. *Spanish: Planchar.*

Q

Quarter-Square Triangle (QST): In quilting, a QST refers to a square unit made up of two or more fabrics divided diagonally twice, creating four triangle-shaped sections within the square. This block is created by cutting a square twice diagonally (from corner to corner) or by sewing two half-square triangles (HSTs) together, and it's commonly used in quilt patterns to add dynamic angles and movement to the design. Quarter-square triangles are essential for creating complex quilt blocks like Sawtooth Stars and other traditional patchwork designs. *Spanish: Bloque de triángualos cuartos (BTC).*

Quilt Block: A unit of a quilt pattern, usually pieced together from several fabrics to form a larger design. *Spanish: Bloque de un quilt.*

G

Grano de la tela: La dirección de los hilos en la tela. La veta recta corre paralela al orillo, la veta cruzada corre perpendicular y la veta al bies corre diagonalmente. *Inglés: Grain.*

Guata o punzonado de lana: Guata o punzando hecha de fibras de lana, conocida por su calidez, suavidad y capacidad para mantener bien su forma. *Inglés: Wool Batting.*

Guingán: Un patrón de tela caracterizado por un diseño a cuadros, que se usa a menudo por su apariencia clásica y simple. *Inglés: Gingham.*

H

Hilvanado: Es un método temporal para mantener unidas las capas de tela utilizando puntadas largas y fáciles de quitar o métodos adhesivos. En el acolchado, el hilvanado se utiliza a menudo para fijar temporalmente la capa superior del quilt, el relleno y la trasera antes de aplicar las puntadas finales de acolchado. Esto evita que las capas se desplacen y asegura precisión durante el proceso de acolchado. Una vez finalizado el acolchado, se retira el hilvanado. *Inglés: Basting.*

J

Jelly Roll: Un paquete de tela precortada que consta de tiras de 2½ pulgadas de ancho, a menudo de una línea o colección de telas coordinadas. *Inglés: Jelly Roll.*

L

Layer Cake: Un paquete de tela precortado que consta de cuadrados de 10 pulgadas, generalmente de una línea de tela coordinada. *Inglés: Layer Cake.*

M

Margen de costura: La distancia desde el borde de la tela hasta la línea de costura, generalmente ¼" de pulgada o ½" pulgada en acolchado. *Inglés: Seam Allowance.*

O

Orillo: Los bordes acabados de la tela que evitan que se deshilache y que a menudo no se usan en la parte superior de las colchas. *Inglés: Selvage.*

P

Parte posterior: La tela utilizada para la parte posterior de un quilt. Puede ser una sola pieza o estar ensamblada a partir de varias secciones. *Inglés: Backing.*

Patchwork: El proceso de coser varias piezas de tela para crear una pieza de tela más grande, que generalmente se usa para la parte superior de la colcha. *Inglés: Patchwork.*

Quilting: The process of sewing through the quilt layers (top, batting, and backing) to secure them together, either by hand or machine. *Spanish: Acolchado.*

Quilt Sandwich: The layers of a quilt before quilting: the quilt top, batting, and backing. *Spanish: Sándwich de quilt.*

R

Rail Fence: It is a traditional quilt block made by sewing together strips of fabric (called "rails") to form a rectangular unit. These units are then arranged in various orientations to create a design that resembles a split-rail fence. It's a versatile and beginner-friendly pattern that can be arranged in multiple ways (e.g. straight, diagonal, or zigzag) to create different visual effects. *Spanish: Cerca de carril*

Rotary Cutter: A cutting tool with a circular blade used for cutting fabric into precise shapes and sizes. *Spanish: Cortador rotatorio.*

Row Quilt: A quilt where blocks or units are arranged in rows, often creating a simple, repeating pattern. *Spanish: Quilt de hileras.*

S

Sashing: Fabric strips used to separate quilt blocks, often used to create a grid or add visual space between blocks. *Spanish: Faja.*

Seam Allowance: The distance from the edge of the fabric to the stitching line, typically ¼" or ½" in quilting. *Spanish: Margen de costura.*

Selvage: The finished edges of fabric that prevent fraying, often not used in quilt tops. *Spanish: Orillo.*

Stash: A collection of fabric, thread, and quilting supplies accumulated by a quilter for future projects. *Spanish: Alijo.*

Strip Piecing: A technique where fabric strips are sewn together, cut into smaller units, and then pieced into quilt blocks. *Spanish: Costura en tiras.*

T

Template: A pattern or guide used to cut fabric pieces accurately. Templates can be made from plastic, cardboard, or paper. *Spanish: Plantilla.*

Thread Tension: The tightness or looseness of the thread as it passes through the sewing machine, affecting the stitch quality. *Spanish: Tensión del hilo.*

Tumbler Block: A quilt block shape resembling a tumbler or drinking glass, often used in traditional quilt patterns. *Spanish: Bloque de vaso.*

Patchwork loco: Técnica que implica piezas de tela de formas irregulares para crear un diseño único. *Inglés: Crazy Quilting.*

Pie de máquina para cremalleras/cierre: Pie para máquina de coser diseñado para coser cerca de cremalleras, pero también útil para coser bordes y otras tareas de acolchado. *Inglés: Zipper Foot.*

Planchar: Técnica que consiste en utilizar una plancha para fijar las costuras y eliminar las arrugas, lo cual es crucial para lograr piezas y acolchados precisos. *Inglés: Pressing.*

Plantilla: Patrón o guía que se utiliza para cortar piezas de tela con precisión. Las plantillas pueden estar hechas de plástico, cartón o papel. *Inglés: Template.*

Plato dresden: Un patrón de bloques de colcha tradicional con un diseño circular hecho de piezas en forma de cuña que irradian desde un punto central. *Inglés: Dresden Plate.*

Punzonado/guata: Es la capa de material aislante colocada entre la parte superior del quilt y la parte posterior. El punzonado/guata puede estar hecho de algodón, poliéster, lana o mezclas. *Inglés: Batting.*

Q

Quilt de hileras: Una colcha en la que bloques o unidades se organizan en filas, creando a menudo un patrón simple y repetitivo. *Inglés: Row Quilt.*

Quilt modular: Una colcha hecha de bloques o unidades repetidas que se pueden organizar de varias maneras para crear diferentes patrones. *Inglés: Modular Quilt.*

R

Redacción: El proceso de diseñar patrones y diseños de colchas, a menudo utilizando papel cuadriculado o software de diseño. *Inglés: Drafting.*

S

Sándwich de quilt: Las capas de una colcha antes de acolchar: la parte superior de la colcha, la guata y el respaldo. *Inglés: Quilt Sandwich.*

Sesgo: La dirección diagonal del hilo de la tela, que se usa a menudo para crear curvas o estirar la tela. La cinta de sesgo es una tira de tela cortada en sesgo, utilizada para rematar o terminar los bordes. *Inglés: Bias.*

T

Técnica de papel inglesa: Una técnica de unión manual en la que se hilvanan piezas de tela alrededor de plantillas de papel y luego se unen para crear patrones intrincados. *Inglés: English Paper Piecing (EPP).*

Tela de respaldo ancho: Tela que es más ancha que la tela para quilting o patchwork estándar, que generalmente se usa para respaldar edredones grandes sin necesidad de dividir el respaldo *Inglés: Wide-Back Fabric.*

U

UFO (Unfinished Object): A quilting project that has been started but not yet completed. *Spanish: UFO (objeto inacabado).*

Underlay: A thin layer of fabric or batting used to stabilize or protect a quilt's surface. *Spanish: Capa base.*

V

Value: The lightness or darkness of a fabric color. Understanding value helps create contrast and depth in quilt designs. *Spanish: Valor del color.*

Vertical Seam: A seam that runs vertically along the length of the quilt, often used in block arrangements. *Spanish: Costura vertical.*

W

Wide-Back Fabric: Fabric that is wider than standard quilting fabric, typically used for backing large quilts without needing to piece the backing. *Spanish: Tela de respaldo ancho.*

WIP (Work in Progress): A term for any quilt or quilting project that is currently being worked on but is not yet finished. *Spanish: Trabajo en progreso.*

Wool Batting: Batting made from wool fibers, known for its warmth, softness, and ability to hold its shape well. *Spanish: Guata o punzonado de lana.*

X

X-Block: A quilt block design featuring an X shape, often used in various patterns for visual interest. *Spanish: Bloque X.*

Y

Y-Seam: A type of seam where three pieces of fabric meet in a Y shape, requiring careful sewing to ensure accuracy. *Spanish: Costura en Y.*

Z

Zipper Foot: A sewing machine foot designed for sewing close to zippers, but also useful for edge-stitching and other quilting tasks. *Spanish: Pie de máquina para cremalleras/cierre.*

Telas precortadas: Telas que están precortadas en formas y tamaños específicos para mayor comodidad, como paquetes de amuletos, rollos de gelatina y pasteles en capas. *Inglés: Pre-Cut Fabrics.*

Tensión del hilo: La tensión o holgura del hilo cuando pasa por la máquina de coser, lo que afecta la calidad de la puntada. *Inglés: Thread Tension.*

TMC: Otro término para triángulo medio cuadrado, utilizado en varios diseños de bloques de colchas. *Inglés: Half-Square Triangle (HST).*

Trabajo en progreso: Término para cualquier tejido o proyecto de acolchado en el que se está trabajando actualmente pero que aún no está terminado. *Inglés: WIP (Work in Progress).*

Triángulo medio cuadrado (TMC): Una forma de triángulo creada cosiendo dos cuadrados juntos a lo largo de la diagonal, lo que da como resultado dos triángulos. *Inglés: Half-Square Triangle (HST).*

U

UFO (Objeto inacabado): Un proyecto de acolchado que se ha iniciado pero aún no se ha completado. *Inglés: UFO (Unfinished Object).*

Unir: El acto de coser dos piezas de tela, generalmente a lo largo de una costura. *Inglés: Join.*

V

Valor del color: La claridad u oscuridad del color de una tela. Comprender el valor ayuda a crear contraste y profundidad en los diseños de colchas. *Inglés: Value.*

About the Authors/Acknowledgments
Sobre los autores/Agradecimientos

Lina Owen's Story

My name is Lina Owen. I was born and raised in Colombia and moved to the United States at the age of 18. As a child, I loved drawing, painting, and cross-stitching. However, after graduating high school and attending college, I gradually drifted away from my artistic pursuits. My passion for creativity rekindled when I met my husband. His mother, a seasoned quilter, began to share her craft with me, gifting me handmade quilts and other creations for the kids. I vividly recall telling her I wanted to learn to sew, and that Christmas, she surprised me with a small sewing machine.

Years later, during the pandemic, I found myself working from home, which freed up time from my long daily commute. This new schedule allowed me to learn sewing. My mother-in-law generously offered me my first lessons, and I was hooked. Now, I delight in collecting sewing machines rather than fabrics and enjoy blending traditional patterns with modern fabrics or reinterpreting modern patterns with traditional ones. In 2022, I took a leap and enrolled in a course to learn quilt pattern design. Creating bold and unique designs has been an exhilarating and rewarding experience.

Personally, as an immigrant, I've often felt the absence of friends and extended family, but the quilting community has truly filled that gap with its generosity and support. As I delved deeper into quilting, I realized there was a significant lack of representation and resources for this craft within my own culture. This realization quickly became my driving force and purpose.

Co-writing this book has truly been a dream come true and a significant step toward expanding the quilting tradition within my culture. Working on this project with Laura has been an incredible experience, and I am deeply grateful to Fox Chapel Publishing for providing us with this remarkable opportunity. This collaboration not only brings together our shared passion for quilting but also bridges our cultures, celebrating and enriching the love of quilting for all. From the bottom of my heart, I hope that everyone who reads this book

La historia de Lina Owen

Mi nombre es Lina Owen. Nací y crecí en Colombia y me mudé a los Estados Unidos a los 18 años. De niña, me encantaba dibujar, pintar y hacer punto de cruz. Sin embargo, después de graduarme de la secundaria y asistir a la universidad, poco a poco me alejé de mis pasatiempos artísticos. Mi pasión por la creatividad resurgió cuando conocí a mi esposo. Su madre, una experimentada quilter, comenzó a compartir su arte conmigo, regalándome colchas hechas a mano y otras creaciones para los niños. Recuerdo vívidamente haberle dicho que quería aprender a coser, y esa Navidad me sorprendió con una pequeña máquina de coser.

Años después, durante la pandemia, me encontré trabajando desde casa, lo que me liberó del largo viaje diario al trabajo. Este nuevo horario me permitió aprender a coser. Mi suegra, generosamente, me ofreció mis primeras lecciones, y me enganché de inmediato. Ahora disfruto más coleccionando máquinas de coser que telas y me encanta combinar patrones tradicionales con telas modernas o reinterpretar patrones modernos con elementos tradicionales. En 2022, di un gran paso y me inscribí en un curso para aprender diseño de patrones de quilting. Crear diseños audaces y únicos ha sido una experiencia emocionante y gratificante.

Personalmente, como inmigrante, a menudo he sentido la ausencia de amigos y familia extendida, pero la comunidad de quilting ha llenado verdaderamente ese vacío con su generosidad y apoyo. A medida que me sumergía más en el mundo del quilting, me di cuenta de que había una falta significativa de representación y recursos para este arte dentro de mi propia cultura. Esta realización rápidamente se convirtió en mi motor y propósito.

Co-escribir este libro ha sido realmente un sueño hecho realidad y un paso significativo hacia la expansión de la tradición del quilting dentro de mi cultura. Trabajar en este proyecto con Laura ha sido una experiencia increíble, y estoy profundamente agradecida con Fox Chapel Publishing por brindarnos esta extraordinaria oportunidad. Esta colaboración no solo une nuestra pasión compartida por el quilting, sino que también conecta nuestras culturas, celebrando y enriqueciendo el amor por el quilting para todos.

and creates the projects within it finds as much joy and fulfillment in quilting as Laura and I have experienced while crafting them.

Lina's Acknowledgments

To my husband, whose unwavering support and encouragement have been the thread that holds my dreams together. To my children, who fill my life with inspiration and joy, reminding me daily of the beauty in the little things. To my late mother, whose love and guidance have shaped my life and creativity, and to my mother-in-law, whose patient teaching and passion for quilting have been a guiding light on my own quilting journey. To my father and siblings that are always in the background rooting for me. To my quilty friends, whose camaraderie and shared enthusiasm for this craft have been a source of endless encouragement. And last but not least to my co-writer, whose collaboration and insight have been invaluable in bringing this book to life.

Thank you all for your love, support, and shared passion for quilting.

Laura Raquel Durán's Story

I am Laura Raquel Durán, a native of San Diego, California, and my life has been deeply influenced by my border town roots. From an early age, I was captivated by the vibrant colors and warm hospitality that I experienced during my frequent trips to Mexico. The bright hues in the food, candy, and textiles, along with the welcoming smiles and delicious treats, always made me feel at home.

Growing up in a bilingual environment, I embraced the privilege of speaking two languages and the rich cultural experiences that came with it. My love for art began in childhood, where I found joy in coloring, painting, and exploring various artistic forms like embroidery and sewing. Surrounded by the strong women in my family, I cherished the moments spent with my mother, aunts, and cousins, who would gather to share stories and laughter while their hands were always busy with embroidery work, crocheting, or mending clothes.

My sewing journey began at eight years old when I first learned to sew on a sewing machine at summer church camp. I was instantly hooked and longed for my own machine. Soon after, I received a beautiful vintage sewing machine from my grandmother. No sooner had I learned how to thread it, I was sewing doll clothes. In middle

Desde lo más profundo de mi corazón, espero que todos los que lean este libro y realicen los proyectos que contiene encuentren tanta alegría y satisfacción en el quilting como Laura y yo hemos experimentado al crearlos.

Agradecimientos de Lina

A mi esposo, cuyo apoyo inquebrantable y aliento han sido el hilo que mantiene unidos mis sueños. A mis hijos, que llenan mi vida de inspiración y alegría, recordándome cada día la belleza de las pequeñas cosas. A mi madre en el cielo, cuyo amor y guía moldeo mi vida y mi creatividad, y a mi suegra, cuya enseñanza paciente y pasión por el quilting han sido una luz guía en mi propio viaje en el quilting. A mi padre y hermanos que siempre están detrás de bambalinas apoyándome. A mis amigas quilters, cuya camaradería y entusiasmo compartido por este arte han sido una fuente de aliento infinito. Y, por último, pero no menos importante, a mi coautora, cuya colaboración y sutileza han sido invaluables para dar vida a este libro.

Muchas gracias a todos por su amor, apoyo y pasión compartida por el quilting.

La historia de Laura Raquel Durán

Soy Laura Raquel Durán, nativa de San Diego, California, y mi vida ha estado profundamente influenciada por mis raíces de ciudad fronteriza. Desde temprana edad me cautivaron los colores vibrantes y la cálida hospitalidad que experimentaba durante mis frecuentes viajes a México. Los tonos brillantes de la comida, los dulces y los textiles, junto a las sonrisas y alegres recibimientos, siempre me hicieron sentir como en casa.

Al crecer en un ambiente bilingüe, acepté el privilegio de hablar dos idiomas y las ricas experiencias culturales que conlleva. Mi amor por el arte comenzó en la infancia, donde encontraba alegría coloreando, pintando y explorando diversas formas artísticas como el bordado y la costura. Rodeada de las mujeres fuertes y especiales de mi familia, apreciaba los momentos que pasaba con mi madre, mis tías y mis primas, quienes se reunían para compartir historias y risas mientras sus manos siempre estaban ocupadas bordando, haciendo crochet o remendando ropa.

Mi viaje en la costura comenzó a los ocho años, cuando aprendí por primera vez a coser en una máquina de coser en un campamento de verano de la iglesia. Al instante me encantó y añoré tener mi propia máquina. Poco después, mi abuela me regaló una hermosa máquina de coser antigua. Tan pronto como aprendí a enhebrarla, comencé a coser ropa para mis muñecas. En la escuela secundaria, tomé mis primeras clases de

Lina (left) and Laura (right), the passionate founders of Quilting with Latinas, bringing vibrant culture and creativity to the quilting community.

Lina (izquierda) y Laura (derecha) , las apasionadas fundadoras de Quilting with Latinas, que aportan cultura vibrante y creatividad a la comunidad de quilting.

school, I took my first classes in garment making, and by high school, I was sewing my own clothes—a passion that hasn't waned.

I first discovered quilting when I was pregnant with my third child and fell in love with the beautiful patchwork designs. I immersed myself in books and in classes, and soon embarked on creating my first baby quilt. Always in search of vibrant colorful fabrics and geometric shapes, my quilting style became a way for me to connect it with my culture.

Realizing the lack of resources for the Spanish-speaking community, I began creating bilingual patterns. When I met Lina, my co-writer, our instant friendship and connection over shared passions for quilting and deep cultural roots led to a creative partnership. The journey of creating this book has been both inspirational and a dream come true for me.

My passion for art and deep connection to my heritage continue to inspire my creative journey, which I now share through my quilting designs and sewing projects. I hope that when you open this book, you see more than just quilt projects; you see the connection between cultures, the love for family, and the deep heritage and culture that have shaped my work and hope to inspire you to create your own creative journey.

From my creative soul to yours!

Laura's Acknowledgments

To my husband, who inspires me to create, encourages me to pursue my dreams, and is my unwavering support. To my three sons and my two grandchildren, for continually empowering me and filling my life with immense love and joy. Your belief in me and endless patience have been the driving force behind my passion and perseverance. To my family and friends, your support and encouragement have been a source of inspiration for me.

I am profoundly grateful to Fox Chapel Publishing for granting me and Lina this wonderful opportunity.

With all my love and gratitude.

confección de ropa de vestir y en la escuela preparatoria, cosía mi propia ropa, una pasión que hasta ahora no ha disminuido.

Descubrí el acolchado por primera vez cuando estaba embarazada de mi tercer hijo y me enamoré de los hermosos diseños del patchwork. Me puse a estudiar con libros y en clases de quilts y pronto empecé en la creación de mi primera quilt para mi bebé. Siempre en busca de telas vibrantes, coloridas y formas geométricas, mi estilo de acolchado se convirtió en una forma de conectarme con mi cultura.

Al darme cuenta de la falta de recursos para la comunidad Latina, comencé a crear patrones bilingües. Cuando conocí a Lina, mi co-escritora, nuestra amistad instantánea y nuestra conexión a través de pasiones compartidas por el quilting y nuestras profundas raíces culturales llevaron a una asociación creativa. El viaje de creación de este libro ha sido a la vez inspirador y un sueño hecho realidad para mí.

Mi pasión por el arte y mi profunda conexión con mi herencia continúan inspirando mi viaje creativo, que ahora comparto a través de mis diseños, proyectos de acolchado y costura. Espero que cuando abras este libro veas algo más que simples proyectos de quilts; que puedas ver la conexión entre culturas, el amor por la familia y la profunda herencia y cultura que han dado forma a mi trabajo y que también inspire a crear tu propio viaje creativo.

¡De mi alma creativa a la tuya!

Agradecimientos de Laura

A mi esposo, quien me inspira a crear, me anima a perseguir mis sueños y es mi mayor apoyo. A mis tres hijos y a mis dos nietos por su inspiración constantemente y llenar mi vida de mucho amor y alegría. Su fé inquebrantable en mí y su infinita paciencia han nutrido mi pasión y perseverancia. A mi familia y amigos, su apoyo y aliento han sido una fuente de inspiración para mí.

Estoy profundamente agradecida a Fox Chapel Publishing por brindarnos a Lina y a mí esta maravillosa oportunidad.

Con todo mi amor y gratitud.

Index
Índice